La Ciencia de una Riqueza Plena

Wallace D. Wattles

La Ciencia de una Riqueza Plena

Título original en Inglés:
The Science of Getting Rich.
Autor: Wallace D. Wattles (1860-1911)

Edición original:
Holyoke, Mass. E. Towne, 1910

Traducción: Samuel Garrido y Carlos Hernández Denis.
Diseño y diagramación: Samuel Garrido

Foto de portada: Martín Ocando. martin@ocando.net

Aviso a Bibliotecarios: La catalogación bibliográfica de este libro se encuentra en la base de datos de la Biblioteca y Archivos del Canadá. Estos datos se pueden obtener a través de la siguiente página web: www.collectionscanada.ca/amicus/index-e.html
ISBN 1-4120-8885-2

Oficinas en Estados Unidos, Canadá, Reino Unido e Irlanda

Venta de libros en América del Norte y al extranjero:
Editorial Trafford, 6E-2333 Government St.
Victoria, BC V8T 4P4 CANADÁ
Teléfono: 250 383 6864 (llamadas sin cargo: 1 888 232 4444)
Fax: 250 383 6804; email: pedidos@trafford.com
Venta de libros en Europa
Trafford Publishing (UK) Limited, 9 Park Street, 2nd Floor
Oxford, UK OX1 1HH UNITED KINGDOM
Teléfono: +44 (0)1865 722 113 (tarifa local 0845 230 9601)
facsimile +44 (0)1865 722 868; pedidos.ru@trafford.com
Pedidos por Internet:
Trafford.com/06-0641

10 9 8 7 6 5 4 3 2 1

Wallace D. Watttles

La Ciencia de una Riqueza Plena

Traducción de:

Samuel Garrido y Carlos Hernández Denis.

Índice de contenidos

"Los hombres y mujeres que practiquen las siguientes instrucciones, ciertamente se harán ricos y las riquezas que perciban estarán en exacta proporción a:

"La definición de su visión
La fijación de sus propósitos
La firmeza de su fe
La profundidad de su gratitud".

Wallace Wattles

Introducción

"Lo que somos es el resultado de nuestros pensamientos de ayer y nuestros pensamientos de hoy construyen nuestra vida mañana: Nuestra vida es la creación de nuestra mente."

Buda

Felicitaciones! Acaba de abrir la puerta, que de usted permitírselo, le conducirá a una nueva vida. Piense en como llegó este libro a sus manos y se dará cuenta que no fue una casualidad. Tal como lo descubrirá en las siguientes páginas, usted aprenderá como hacer realidad sus más caros anhelos, incluyendo sus deseos de riqueza.

Vivimos en un universo de causa y efecto. Creemos que vivimos en un mundo cuyos recursos son escasos y limitados, por consiguicntc hcmos aprendido a vivir en la apariencia de escasez. Nos sorprendemos una y otra vez lamentándonos y observando con impotencia el inexorable incremento del costo de la vida, sin importar realmente cuán duro trabajemos. Invertimos tanto tiempo y energía en preocupaciones y en tratar de paliar esta situación, que hemos acallado nuestros más profundos anhelos y deseos. Nos hemos creído el cuento de que "eso no puede ser para mí" o "yo nunca obtengo lo que quiero." Esto nos lleva a una eterna competencia con nuestros semejantes. La causa es nuestra creencia en la escasez y su efecto inevitable es la pobreza. De hecho, estamos ejecutando el papel de actores multimillonarios afectados de amnesia, actuando en una obra que hemos insistido en representar con gran dramatismo y fatalidad y con escasas ganancias de dinero, poca satisfacción e inmensa infelicidad.

Wallace Wattles nos ofrece una visión completamente distinta de nuestra realidad, enseñándonos de una manera magistral y sencilla, que vivimos en un universo pleno de abundancia. Con exactitud matemática nos lleva a entender, que todo a lo que le prestemos atención conciente y continua, e imaginemos con claridad, entusiasmo, determinación y gratitud, se manifestará en nuestras vidas. Nos ofrece el hermoso y poderoso regalo de la *fe*, que no es más que la certeza de que lo que deseamos, ocurrirá.

Wattles nos enseña elegir a ser tan dichosos como soñemos y sacar a relucir nuestro verdadero máximo potencial, abriéndonos a un flujo inagotable de prosperidad y riquezas, tal como Dios desea que lo hagamos; y así con nuestro ejemplo, enseñar a otros a vivir en plenitud, con serenidad y en posesión de una riqueza plena.

Los traductores

Prefacio del autor

Este libro es pragmático. No filosófico. Un manual práctico, no un tratado sobre teorías. Está dirigido a aquellos hombres y mujeres, cuya más apremiante necesidad es el dinero, quienes desean hacerse ricos y luego filosofar al respecto. Es para aquellos que quieren resultados y quienes están dispuestos a tomar las conclusiones de la ciencia como una base para la acción, sin tener que pasar por todo el proceso a través de las cuales esas conclusiones fueron alcanzadas.

Se espera que el lector asuma las declaraciones fundamentales de este libro en base a fe y al hacer esto, probar su veracidad actuando conforme a ellas sin duda o temor.

Cualquier hombre o mujer que actúe en concordancia se hará rico, pues la ciencia aquí aplicada es una ciencia exacta, por lo que el fracaso es imposible.

Al escribir este libro, he sacrificado cualquier otra consideración en favor de la sencillez y simplicidad de estilo, para que todos puedan entender. El plan de acción aquí delineado, fue deducido en base a conclusiones filosóficas. Ha sido ampliamente probado y soporta la prueba suprema de los experimentos prácticos: Funciona.

Sinceramente de usted.

W.D. Wattles

Lección 1

El derecho a ser rico

Cualquier cosa puede ser dicha en favor de la pobreza, sin embargo el hecho cierto es que, no es posible vivir realmente una vida plena y exitosa a menos que se posean riquezas. Nadie puede alcanzar sus máximas potencialidades de desarrollo del talento o del espíritu, a menos que se posea plenitud de dinero, pues para expandir el espíritu y desarrollar talentos se necesitan muchas cosas y estas no pueden tenerse, a menos que se posea dinero para adquirirlas.

Una persona se desarrolla en mente, espíritu y cuerpo haciendo uso de cosas y la sociedad se ha organizado de tal manera, que se necesita dinero para poder convertirse en poseedor de esas cosas. Por lo tanto, la base de cualquier adelanto debe ser la ciencia de hacerse rico.

El objetivo de toda vida es el desarrollo y todo lo que vive tiene el inalienable derecho a todo el desarrollo que sea capaz de alcanzar.

El derecho a la vida de una persona implica la libertad sin restricción al uso de todas aquellas cosas que sean necesarias para su pleno crecimiento mental, físico y espiritual; en otras palabras, su derecho a ser rico.

En este libro no hablaré de la riqueza de una manera figurativa. Ser realmente rico no significa estar satisfecho o contento con poco. Nadie debería estar satisfecho con poco, si es capaz de usar y disfrutar más. El propósito de la naturaleza es el avance y crecimiento de la vida y todo el mundo debería tener todo aquello que contribuya al poder, elegancia, belleza y riqueza de la vida. Contentarse con menos es pecaminoso.

La persona que posea todo aquello que le permita vivir a su máxima plenitud es rica y ninguna persona que no posea suficiente dinero podrá alcanzar esa plenitud. La vida se ha vuelto tan compleja, que incluso el hombre o mujer más ordinaria requieren de riquezas para poder vivir de una manera completa. Toda persona quiere naturalmente convertirse en aquello de que es potencialmente capaz de convertirse. Este deseo de realizar posibilidades innatas es inherente a la naturaleza humana; no podemos evitar querer ser todo aquello que podamos ser. El éxito en la vida, es llegar a ser lo que uno quiera ser. Y solo se puede lograr, haciendo uso de cosas y solo se tendrá el libre uso de esas cosas, si se es lo suficientemente rico como para adquirirlas. Entender la ciencia de volverse rico, es por lo tanto, el más esencial de los conocimientos.

No hay nada malo en querer ser rico. El deseo por riquezas, es realmente el deseo por una vida más llena y abundante y ese deseo es invaluable. La persona que no desea una vida más abundante no es normal, pues se requiere de dinero para tener abundancia.

Existen tres motivos por los cuales vivimos: Vivimos para el cuerpo, vivimos para la mente y vivimos para el espíritu. Ninguno de estos es mejor o más importante que el otro. Todos son igualmente deseables y ninguno de los tres, cuerpo, mente y espíritu pueden desarrollarse plenamente si uno de los otros es coartado de su plena expresión. No está bien ni es noble vivir solo para el espíritu obviando mente y cuerpo, como no es correcto vivir solo para el intelecto, renegando del cuerpo y del alma.

Todos conocemos acerca de las consecuencias de vivir solo para el cuerpo, olvidando ambos mente y espíritu y sabemos que la verdadera vida significa la completa expresión de todo lo que una persona pueda dar a través de su cuerpo, mente y espíritu. Dígase lo que se diga, nadie puede estar completamente feliz o satisfecho a menos que su cuerpo pueda expresarse en toda su vitalidad, al igual que su mente y su espíritu.

Donde quiera que se hallen posibilidades no expresadas, habrá deseo insatisfecho. El deseo es posibilidad en busca de expresión o función en busca de realización. Uno no puede vivir plenamente en cuerpo sin una buena alimentación, sin ropas adecuadas, sin refugio seguro y en libertad de tener el trabajo que a uno le guste. El descanso y la buena recreación son también indispensables para la vida física.

No se puede vivir una plena vida mental sin libros y tiempo para estudiarlos, sin oportunidades para viajar y conocer, o simplemente sin compañía intelectual.

Para vivir con plenitud una vida mental, una persona debe tener esparcimiento intelectual y debe rodearse de todo el arte y belleza que le sea posible utilizar y apreciar.

Para vivir plenamente de espíritu, una persona debe amar y sentir amor y la mayor negación del amor es la pobreza.

La mayor felicidad de una persona, está en dar a aquellos a quienes ama. El amor encuentra su mayor y más natural espontánea expresión en el acto de dar. El individuo que no tiene nada que dar, no puede llenar su lugar como cónyuge, padre o ciudadano, ni como un ser humano útil. Es en el uso de cosas materiales que una persona consigue completo aprovechamiento para su cuerpo, desarrollo de su mente y extensión de su espíritu. Es por tanto, sumamente importante para un individuo el poseer riquezas.

Es perfectamente sano el desear ser rico. Es algo que una persona normal, hombre o mujer no podría evitar. Es perfectamente apropiado el que usted le preste la mayor atención a la ciencia de hacerse rico, pues es uno de los más nobles y necesarios estudios. Si usted descuida este estudio, estará abandonando su deber para con usted mismo, para con Dios y para con la humanidad, pues no se puede prestar mayor servicio a Dios, a la humanidad y a uno mismo que el hacer de uno el mejor ser humano.

Lección 2

Existe la Ciencia de una Riqueza Plena

Existe una ciencia para alcanzar la riqueza a plenitud y es una ciencia exacta como el álgebra o la aritmética. Hay ciertas leyes que gobiernan el proceso de adquisición de riquezas y una vez que estas leyes han sido aprendidas y obedecidas, inevitablemente sobrevendrá la riqueza con matemática certeza. Valga decir, que estas leyes están al alcance de todos.

La posesión de bienes y dinero es el resultado de hacer las cosas de *cierta manera* y aquellos que actúen de acuerdo a esa cierta manera, a propósito o accidentalmente, se enriquecerán; mientras que aquellos que no las sigan, sin importar cuan capaces sean o cuan duro trabajen, permanecerán en la pobreza.

Es una ley natural, que causas iguales producen siempre efectos iguales, por lo tanto, aquella persona que aprenda a hacer las cosas de *cierta manera,* infaliblemente enriquecerá.

Que la anterior declaración es verídica se demuestra por los siguientes hechos: El hacerse rico nada tiene que ver con el ambiente. Si así fuese, todo el que viva en determinado ambiente debería ser rico. Todos en cierta ciudad serían acaudalados, mientras toda la población de otra ciudad sería pobre;

o todos en un estado nadarían en la riqueza, mientras los del estado contiguo, menguarían de pobreza.

Pero en todas partes vemos a ricos y pobres viviendo lado a lado en los mismos ambientes, e incluso involucrados en las mismas actividades. El hecho de que dos personas en la misma localidad y en el mismo negocio, una se haga rica y la otra permanezca pobre, demuestra que la adquisición de riqueza nada tiene que ver con el ambiente. Algunos ambientes puede que sean más propicios que otros, pero si de dos personas en el mismo negocio y en la misma vecindad, una se enriquece mientras que la otra permanece pobre, es una indicación de que el hacerse rico es el resultado de hacer las cosas de cierta manera.

Es más, la habilidad de hacer las cosas de *cierta manera* no se debe solamente a la posesión de talentos, pues muchas personas de gran talento permanecen pobres, mientras que otras con menor talento, se enriquecen.

Estudiando a aquellos que se han enriquecido, nos encontramos con que la mayoría son personas promedio en todos los aspectos, no poseyendo mayores talentos ni habilidades que el resto de la gente. Es evidente que ellos no se enriquecen porque posean talentos o habilidades especiales, sino porque sucede que hacen las cosas de *cierta manera.*

Enriquecerse no es el resultado ni de ahorrar ni de economizar. Mucha gente ahorrativa es pobre, mientras que muchos derrochadores son ricos.

Tampoco tiene que ver con hacer cosas que otros no hagan; pues se da el caso de personas que en el mismo negocio, haciendo exactamente las mismas cosas, una se enriquece mientras que la otra permanece pobre o se va a la bancarrota.

De todo esto debemos concluir, que hacerse rico es el resultado de hacer las cosas de cierto modo.

Si hacerse rico es el resultado de hacer las cosas de *cierta manera* y si iguales causas siempre producen iguales efectos, entonces cualquier hombre o mujer que pueda hacer las cosas de *cierta manera* podrá alcanzar la riqueza, por lo que todo el asunto entra en los dominios de una ciencia exacta.

Surge la pregunta de si esta *cierta manera* puede ser tan difícil que solo unos cuantos puedan seguirla. Como hemos visto, esto no puede ser cierto al menos en cuanto a habilidades naturales concierne.

Hay gente talentosa que se hace rica y algunos no tan talentosos que también se hacen ricos; gente intelectual se hace rica y gente ignorante también se hace rica; gente psicológicamente fuerte se hace rica y gente débil de igual forma también se hacen ricos.

Algún grado de habilidad para pensar y entender es por supuesto esencial, pero en cuanto a habilidades naturales se refiere, cualquier persona con suficiente sentido para leer y entender estas palabras puede ciertamente hacerse rica.

También hemos visto que no es pertinente al entorno. Por supuesto que los lugares cuentan. Uno no iría al corazón del desierto y esperaría hacer negocios exitosos, a menos que venda agua.

Hacerse rico implica la necesidad de tratar con gente y de estar donde haya gente con la cual tratar; y si esta gente se inclina a tratar de la manera en que usted lo desea, pues mucho mejor. Pero hasta aquí la influencia que el ambiente pueda tener. Si alguien en su localidad puede hacerse rico, usted también puede y si alguien en su estado puede hacerse rico, pues usted también lo puede hacer.

De nuevo, no es la escogencia de algún negocio o profesión en particular lo que importa. Mientras algunos se vuelven ricos en una variedad de negocios o profesiones, otros con las mismas vocaciones permanecen en la pobreza.

Es cierto que usted se desempeñará mejor en negocios que le gusten y con los cuales congenie y si además posee ciertos talentos naturales bien desarrollados, usted lo hará mejor en aquellos negocios que llamen para la aplicación de esos talentos.

También actuará mejor en aquellos negocios adaptados a su entorno. Una heladería será más exitosa en un clima calido que en Groenlandia y una procesadora de salmón tendrá más éxito en Alaska que en la Florida, donde no hay salmones.

Pero aparte de estas limitaciones generales, hacerse rico no depende de involucrarse en un negocio en particular, sino en el aprendizaje de hacer las cosas de *cierta manera*. Si usted está ahora involucrado en un negocio, y alguien mas en su localidad se está haciendo rico en el mismo negocio mientras que usted no, es simplemente porque usted no está haciendo las cosas de la misma manera que lo está haciendo esa otra persona.

Nadie podrá dejar de hacerse rico por falta de capital. Verdad es que en la medida en que se obtenga capital, el crecimiento será más fácil y rápido, pero aquel que posea capital ya es rico, por lo que no necesita considerar como volverse rico. No importa cuan pobre usted sea, si comienza a hacer las cosas de cierto modo, usted comenzará a hacerse rico y comenzará a poseer capital. La obtención de capital es parte del proceso de hacerse rico, e invariablemente sigue al hacer las cosas de *cierta manera*.

Puede que usted se encuentre profundamente endeudado. Puede que no tenga amigos, ni influencias, ni recursos; pero si comienza a hacer las cosas de *cierta manera*, infaliblemente comenzará a hacerse rico, pues iguales causas deben producir iguales efectos. Si no posee capital, lo poseerá, si está en el negocio equivocado, ingresará en el negocio apropiado y si está en el sitio equivocado, será conducido al sitio indicado.

Y todo lo podrá hacer comenzando en su actual ocupación y en su actual ambiente, haciendo las cosas de *cierta manera*.

Lección 3

¿Está acaparada la oportunidad?

Nadie permanece pobre porque otras personas hayan monopolizado la riqueza y hayan puesto un muro alrededor de ella. Usted puede ser dejado de lado en ciertas líneas de negocios, pero de seguro hay otros canales abiertos para usted.

En diferentes períodos la marea de las oportunidades se ajusta en direcciones distintas, según las necesidades de la etapa de la evolución social total y particular que se haya alcanzado. Hay abundancia de oportunidades para las personas que van con la marea, en lugar de tratar de nadar en contra de ella.

Ningún trabajador, sea como individuos o como clase, está exento de oportunidades. No puede ser subyugados por sus patronos, ni estar atado a circunstancias negativas por parte de empresarios o de grandes negocios. Como clase, ellos están donde están porque no hacen las cosas de *cierta manera.*

La clase trabajadora puede convertirse en la clase gerencial cuando comience a hacer las cosas de *cierta manera.* La ley de la riqueza es la misma tanto para ellos como para todos los demás. Ellos deberán aprender esta verdad, o de lo contrario permanecerán donde están tanto tiempo, como continúen haciendo lo que hacen como lo hacen.

Sin embargo, el trabajador individual no se mantendrá subyugado porque una clase entera ignore estas leyes; él puede independizarse y seguir la marea de las oportunidades hacia la riqueza y este libro le indicará como hacerlo.

Nadie permanece en la pobreza por escasez de provisiones de riquezas; hay más que suficiente para todos. Un palacio tan grande como el capitolio en Washington podría ser construido para cada familia de la Tierra solo con el material de construcción de los Estados Unidos. Bajo intenso cultivo, este país produciría suficiente lana, algodón, lino y seda como para vestir a cada persona del planeta mas finamente que lo que fue Salomón ataviado en toda su gloria. Suficiente comida podría ser producida como para alimentar opíparamente a cada habitante de La Tierra. Las provisiones visibles son prácticamente inacabables, mientras que las provisiones invisibles son simplemente inagotables.

Todo lo que ves en la tierra fue hecho a partir de una Fuente Primigenia, de la cual todas las cosas proceden. Nuevas formas están constantemente siendo hechas y otras viejas están disolviéndose, sin embargo todas tienen un mismo origen.

No hay límite en la fuente de la Inteligencia Primigenia. El universo está hecho de esa Fuente, la cual no fue usada totalmente al crearse el universo. Los espacios dentro, a través y entre las formas del universo visible, están impregnados y llenos de ella, con la materia prima de todas las cosas. Diez mil veces tanto como cosas se han creado podrían ser hechas y aún entonces, todavía no se habrá agotado la fuente da la materia prima universal.

Por lo tanto, nadie es pobre porque la naturaleza sea pobre o porque no haya suficiente para sobresalir.

La naturaleza es un almacén inagotable de riquezas; la fuente nunca se agotará. La Fuente Original está viva con energía creativa y está constantemente creando más formas. Cuando la fuente de material de construcción se agote, más será producido. Cuando el suelo se agote de tal manera que los alimentos y la materia para el vestido ya no crezcan en él, más suelo será renovado o será fabricado. Cuando todo el oro y la plata hayan sido excavados de la tierra y si la humanidad todavía se encuentra en esa etapa de desarrollo social en que necesite oro y plata, más de estos serán producidos de la Fuente Original. La Inteligencia Primigenia responde a las necesidades de la humanidad; no dejará que el mundo esté sin cosas buenas.

Esto es una verdad colectiva de la humanidad. La raza como un todo poseerá siempre abundancia y riquezas y si algunos individuos son pobres, será porque ellos no siguen la *cierta manera* de hacer las cosas que hace un individuo rico.

La Fuente Original es inteligente; es una materia que piensa. Está viva y está siempre propulsando hacia más vida. Es el impulso natural e inherente de la vida que busca vivir más; es la naturaleza de la inteligencia para engrandecerse a sí misma, y de la conciencia para extender sus fronteras y encontrar expresión más plena. El universo de las formas ha sido hecho por una sustancia viva sin forma, convirtiéndose en forma con el propósito de expresarse a sí misma con mayor plenitud.

El universo es una gran presencia viva, siempre moviéndose inherentemente hacia más vida y pleno funcionamiento. La naturaleza está organizada para el avance de la vida y su motivo impulsor es aumentar la vida. Debido a esto, todo lo que posiblemente pueda suministrar vida será generosamente provisto. No puede existir carencia, a no ser que Dios se contradiga a sí mismo y anule sus propios propósitos. Y esto es imposible.

Usted no permanecerá pobre por carencia en la fuente de riquezas. Demostraré más adelante que los recursos de la Fuente Suprema están a la orden del hombre o la mujer que actúen y piensen de *cierta manera.*

Lección 4

Fundamentos para una Riqueza Plena

El pensamiento es el único poder que puede producir riquezas tangibles a partir de la Fuente Original. La fuente a partir de la cual todas las cosas han sido hechas, es una fuente que piensa, y un pensamiento acerca de una forma en la fuente, produce dicha forma.

La Fuente Original actúa de acuerdo a sus pensamientos; toda forma y proceso que se observa en la naturaleza, es la expresión visible de un pensamiento de La Fuente Original. Mientras esta Fuente piensa en una forma, ese pensamiento crea esa forma, mientras piensa en movimiento, crea el movimiento. Es así como todas las cosas fueron creadas. Nosotros vivimos en un mundo mental, el cual es parte de un universo mental. El pensamiento de un universo en movimiento extendido a través de la Fuente o Esencia Universal y moviéndose de acuerdo a ese pensamiento, tomó la forma de sistemas planetarios y mantiene esa forma. Esta Esencia Pensante toma la forma de sus pensamientos y se mueve de acuerdo a esos pensamientos.

Manteniendo la idea de un sistema circular de soles y mundos, toma la forma de esos cuerpos y los mueve mientras piensa. Pensando en la forma de un roble en lento crecimiento, se mueve de acuerdo y propicia la creación del árbol, aún cuando le tome algunas centurias producirlo. Mientras va creando, La Fuente parece moverse de acuerdo a líneas de movimiento que ella misma ha establecido. En otras palabras, el pensamiento de un roble no produce instantáneamente la formación del árbol adulto, pero pone en movimiento las fuerzas que producirán el árbol, siguiendo las ya establecidas líneas de crecimiento.

Cada pensamiento de una forma o cosa sostenido por la Esencia Original, causa la creación de esa cosa, pero siempre o generalmente, siguiendo líneas de crecimiento y acción ya establecidas.

El pensamiento acerca de una casa, si fuese impreso en La Fuente Primigenia, puede no causar la instantánea formación de la casa, pero encauzará energías ya existentes hacia canales que resultarán en la eventual construcción de la casa. Y si no existieran los canales a través de los cuales la energía creativa pudiese trabajar, entonces la casa se formaría directamente de la Sustancia Primigenia, obviando el lento proceso del mundo orgánico e inorgánico.

Ningún pensamiento acerca de algo puede ser impreso en La Fuente Original, sin causar la creación de ese algo.

Una persona es un centro pensante y puede originar pensamientos. Todas las formas que las personas crean con sus manos, deben primero existir en sus pensamientos. No se puede dar forma a algo, sin antes haberla pensado.

Hasta ahora, la humanidad ha confinado sus esfuerzos totalmente al trabajo de sus manos, aplicando labor manual al mundo de las formas, buscando intentar cambiar o modificar formas ya existentes. El ser humano no ha pensado en tratar de causar la creación de nuevas formas imprimiendo pensamientos directamente en La Esencia Original.

Cuando una persona tiene el pensamiento de una forma o cosa, toma materiales de la naturaleza y fabrica la cosa a imagen de lo que pensó en su mente. Hasta ahora, el hombre ha hecho poco o ningún esfuerzo para cooperar con la Inteligencia Eterna, para trabajar *con el Padre*. La Humanidad no ha comprendido que puede *hacer lo que el Padre hace*. Una persona transforma o modifica formas existentes a través del trabajo manual. Nunca se le ha ocurrido pensar acerca de la factibilidad de crear cosas a partir directamente de La Fuente Original, comunicándole sus pensamientos. Cualquier hombre o mujer pudiera hacerlo y me propongo demostrar como.

Afirmamos que hay una Fuente Primigenia de la cual todo se hizo. Todos los elementos no son otra cosa que diferentes presentaciones de un mismo elemento. Todas las formas orgánicas e inorgánicas conseguidas en la naturaleza, no son más que diferentes modelos hechos de la misma materia. Y esta materia es Materia Pensante. Un pensamiento sostenido en ella, produce la forma física de ese pensamiento. El pensamiento en la Materia Pensante propicia la creación de la forma. Un ser humano es un centro pensante, capaz de crear pensamientos originales. Si una persona pudiese comunicar sus pensamientos a La Fuente Original, podría causar la creación o formación de la cosa que ha pensado.

- *Existe una Fuente Primigenia de la que todas las cosas son hechas, la cual en su estado original impregna, penetra y llena todos los intersticios del universo.*
- *Un pensamiento en esta Fuente Original, produce aquello que es imaginado por ese pensamiento.*
- *Una persona puede formar cosas en sus pensamientos y al imprimirlos en La Fuente Primigenia, puede hacer que las cosas que pensó sean creadas.*

Podría preguntarse, si estas declaraciones pueden ser probadas y sin entrar en muchos detalles, puedo responderle que si puedo, ambas por lógica y por experiencia.

Recapitulando acerca del fenómeno de la forma y el pensamiento, retrocedo en el tiempo hacia La Fuente Original y yendo hacia adelante desde esta Inteligencia Suprema, me encuentro con que una persona tiene el poder para causar la creación de aquello en lo que ha estado pensando. Y por experimentación, hallo que este razonamiento es verdadero, y esta es mi prueba más fehaciente:

Si una persona que lea este libro se hace rica haciendo lo que le indico que haga, eso será evidencia que sustente mi alegato, a menos que siga todo el proceso y falle. La teoría será verdadera hasta que alguien falle siguiendo el proceso y este proceso no fallará, pues todo aquel que haga exactamente lo que el libro le indica y sigua el *cierto camino*, inevitablemente se hará rico.

He dicho que la gente se hará rica al hacer las cosas de *cierta manera* y para hacerlo, la gente deberá pensar de *cierta manera.*

La manera en que la gente hace las cosas, es el resultado directo de la manera en que piensa acerca de esas cosas.

Para hacer las cosas de la manera que usted quiera hacerlas, tendrá que adquirir la habilidad de pensar en la forma en que usted quiera pensar. Este es el primer paso para hacerse rico.

Y pensar lo que usted quiere pensar, es pensar en la verdad, a pesar de las apariencias.

Todo individuo posee la natural habilidad y el poder inherente de pensar lo que desee pensar, sin embargo se requiere de un mayor esfuerzo para hacer esto, que para pensar los pensamientos sugeridos por las apariencias. Pensar de acuerdo a las apariencias es fácil; pensar la verdad a pesar de las apariencias es laborioso y requiere de un mayor gasto de poder que cualquier otro trabajo al cual seamos llamados a realizar.

No hay nada más complicado que mantener un pensamiento en forma consecutiva y sostenida. Es lo más difícil del mundo. Esto es especialmente cierto cuando la verdad es contraria a las apariencias. Cada apariencia en el mundo visible, tiende a producir una forma correspondiente en la mente de quien la observa y esto solo puede ser evitado, sosteniendo el pensamiento de la verdad.

Observar la apariencia de pobreza producirá formas correspondientes de pobreza en su mente, a menos que se aferre a la verdad de que no existe la pobreza; solo existe abundancia.

Pensar en salud cuando se está rodeado de apariencias de enfermedad, o pensar en riquezas cuando se está en medio de apariencias de pobreza requiere de un gran poder y quien adquiera este poder, se convertirá en maestro de su propia mente. Esa persona podrá conquistar al destino y tendrá todo aquello que desee.

Este poder solo puede ser adquirido aceptando el hecho indiscutible que existe detrás de todas las apariencias y ese hecho es que solo hay una Inteligencia Universal de la cual todas las cosas proceden.

Luego, debemos aferrarnos a la verdad de que todo pensamiento sostenido por La Inteligencia Universal se convierte en forma y que una persona puede imprimir sus pensamientos de tal manera en esa Suprema Inteligencia, que propiciará que tomen forma y se conviertan en cosas tangibles.

Cuando interioricemos este hecho, perderemos toda duda y miedo, pues descubriremos que podemos crear todo aquello que queramos crear, podremos obtener todo aquello que deseemos tener y podremos convertirnos en todo aquello que queramos ser. Como un primer paso hacia la riqueza, usted deberá creer en las ya dadas declaraciones fundamentales.

- *Existe una Fuente Primigenia de la que todas las cosas son hechas, la cual en su estado original impregna, penetra y llena todos los intersticios del universo.*
- *Un pensamiento en esta Fuente Original, produce aquello que es imaginado por ese pensamiento.*
- *Una persona puede formar cosas en sus pensamientos, y al imprimirlos en La Fuente Primigenia, puede hacer que las cosas que pensó sean creadas*

Usted deberá dejar de lado todo otro concepto del universo y deberá asirse a esta creencia hasta que se haya fijado indeleblemente en su mente y se haya convertido en su pensamiento habitual. Lea esta declaración una y otra vez. Grábese cada palabra en su mente y medite acerca de las mismas hasta que crea firmemente en ellas. Si una duda le asalta, hágala a un lado. No oiga argumentos en contra de esta idea. No asista a lugares donde un concepto contrario sea enseñado o predicado. No lea revistas o libros que enseñen una idea diferente. Si usted se confunde en su entendimiento, creencia y fe, todos sus esfuerzos serán vanos.

No se pregunte por qué esto es verdadero, ni especule como puede ello ser verdad. Simplemente tómelo como una verdad.

Lección 5

Desarrollando la Vida

Usted debe deshacerse del último vestigio de la noción de que hay un Dios cuya voluntad es que usted sea pobre o cuyos propósitos pueden ser servidos al retenerle en la pobreza.

La Mente Universal que lo es todo, está en todo y vive en todo y mora en usted, es una Inteligencia que vive con un propósito. Siendo que vive con un propósito, posee el deseo inherente y natural de toda inteligencia viva de engrandecer la vida. Toda criatura viviente debe continuamente buscar acrecentar su vida, porque la vida en el mero acto de vivir, necesita expandirse a sí misma.

Una semilla, caída en la tierra se enciende en actividad y en el acto de vivir produce cien semillas más. Debe hacerlo así, para poder seguir siendo.

La Inteligencia está bajo esta misma necesidad de un permanente incremento y expansión. Cada pensamiento que concebimos hace que sea necesario para nosotros crear otro pensamiento. Nuestra conciencia está en un estado de continua expansión. Cada hecho que aprendemos nos conduce al aprendizaje de otro hecho; el conocimiento continuamente se acrecienta. Cada talento que cultivamos trae a la mente el deseo de cultivar otro talento; estamos sujetos al impulso de la vida buscando expresión, lo cual siempre nos impulsa a saber más, a hacer más y a ser más.

Con el propósito de saber más, hacer más y a ser más, nosotros debemos tener más. Debemos tener cosas para usar, pues nosotros aprendemos, hacemos, y nos convertimos, solo al usar cosas. Debemos enriquecernos para poder acrecentar la vida.

El deseo por las riquezas es simplemente la capacidad de búsqueda de una vida más larga y llena de plenitud. Cada deseo es el esfuerzo de una posibilidad inexpresada para entrar en acción. Es el poder buscando manifestarse lo que causa el deseo. Eso que hace que usted quiera más dinero es lo mismo que hace que una planta crezca; es la vida buscando su máxima expresión.

La Fuente Primigenia está sujeta a esta ley inherente de toda vida. Está impregnada con el deseo de vivir más y es por eso que siente la necesidad de crear cosas. Ella busca vivir más, dentro y a través de usted. Por eso desea que usted tenga todas las cosas que usted pueda usar.

Es el deseo de Dios, Fuente Original, que usted se vuelva rico. Él quiere que usted sea rico, porque Él puede expresarse mejor a través de usted, si usted tiene todas aquellas cosas que le permitan darle expresión a Él. Dios podrá vivir más en usted si usted tiene el control ilimitado de los recursos de la vida.

El Universo desea que usted tenga todo lo que usted quiera tener. La naturaleza es amigable con sus planes. Su existencia está en función de usted. Tenga fe en que esto es verdadero.

Sin embargo, es esencial que su propósito armonice con el propósito que está en todo. Usted debe aspirar a una vida real y verdadera y no al vivir por el mero placer o gratificación hedonista. La vida es la ejecución de las funciones y un individuo verdaderamente vive, solo cuando realiza cada de sus funciones físicas, mentales y espirituales, sin excederse en ninguna.

Usted no deberá aspirar volverse rico solo para vivir como un bribón, o por la gratificación de deseos animales. Eso no es vida. Sin embargo, la realización de cada función física es parte de la vida, por lo que nadie vive completamente si le niegan al cuerpo los impulsos de expresarse normal y saludablemente.

Usted no debiera querer ser rico solamente para disfrutar de placeres mentales, para obtener conocimiento, para gratificar su ambición, para congraciarse ante otros, o solo para ser famoso. Todo eso es una parte legitima de la vida, pero la persona que vive solo por los placeres del intelecto, vivirá una vida parcial y nunca estará satisfecho con su parte.

Usted no querrá ser rico solamente por el bien de los demás, para sacrificarse por la salvación de la humanidad, para experimentar las alegrías de las obras benéficas y el sacrificio. Las alegrías del alma son solo una parte de la vida y ellas no son mejores o más nobles que ninguna otra parte.

Usted querrá ser rico para que pueda comer, beber y estar feliz cuando sea la hora de hacer eso;

para que pueda rodearse de cosas hermosas, ver tierras distantes, alimentar su mente y desarrollar su intelecto; para que pueda amar a otros y hacer cosas agradables y ser capaz de contribuir en buena medida en ayudar al mundo a encontrar la verdad.

Pero recuerde que el altruismo en extremo no es mejor ni más noble que el egoísmo extremo; ambos son errores. Deshágase de la idea de que Dios quiere que usted se sacrifique por otros y de que usted se asegura su bendición de esa manera. Dios no requiere de nada de eso de usted. Lo que Dios quiere es que saque a relucir su máximo potencial, por usted y por los demás. Usted podrá ayudar a mucho más a los otros, desarrollando al máximo su potencial personal, más que de cualquier otra manera.

Y esto solo podrá ser llevado a cabo, si posee los recursos necesarios para realizarlo, de modo que es correcto y loable que usted aboque su primer y mejor pensamiento a la tarea de adquirir riquezas.

Recuerde no obstante, que el deseo del Creador es para todos, por tanto sus acciones deberán estar orientadas hacia una mejor vida para cada quien. No puede implicar peores condiciones de vida para nadie, porque el deseo de la Fuente, es suministrar vida y riqueza plena por igual para toda la humanidad.

La Inteligencia Primigenia propiciará cosas para usted, pero no le quitará nada a nadie para dárselas a usted. Debe deshacerse de la idea de competir. Usted está para crear, no para competir por lo que ya está creado. Usted no tiene por que quitarle nada a nadie. No debe poner las cosas difíciles cuando negocia. Usted no tiene porque engañar o tomar ventaja. No debe dejar que nadie trabaje para usted por menos de lo que merece.

Usted no tiene por que codiciar las propiedades de los demás o mirarlas con ojos de deseo. Nadie posee cosas que usted no pueda tener y eso sin quitarle a nadie lo que a ellos le pertenece.

Usted está para convertirse en un creador, no en un competidor. Usted va a obtener lo que desee, pero de tal forma que cuando lo obtenga, toda aquella persona involucrada en el proceso, también obtendrá más de lo que ahora tiene.

Soy consciente de que hay quienes obtienen una vasta suma de dinero al proceder en oposición directa a las afirmaciones antes mencionadas y puedo añadir unas palabras de explicación al respecto. Ese tipo de individuos que se vuelven muy ricos lo hacen a veces solamente por su extraordinaria habilidad en el plano de la competencia y algunas veces inconscientemente se relacionan con la Inteligencia Suprema en sus grandes propósitos y movimientos para el crecimiento general a través de la evolución industrial. Los grandes magnates han sido los agentes inconscientes del supremo en el trabajo necesario de sistematizar y organizar la industria productiva y al final, su trabajo contribuirá inmensamente hacia el aumento de vida para todos. Pero sus días están casi terminados. Ellos han organizado la producción y pronto serán sucedidos por los agentes de la multitud, quienes organizarán la maquinaria de la distribución.

Ellos son como los monstruos reptiles de las eras prehistóricas. Ellos jugaron una parte necesaria en el proceso de la evolución, pero el mismo poder que los creó, los desaparecerá. Y es bueno mentalizarse que ellos nunca realmente han sido ricos; un registro de las vidas privadas de la mayoría de esta clase mostrará que ellos en realidad han sido desdichados y pobres.

Las riquezas aseguradas en el plano de la competencia nunca son satisfactorias ni permanentes. Ellas son suyas hoy y mañana de otros.

Recuerde que si usted va a hacerse rico de una manera cierta y científica, deberá superar enteramente el pensamiento competitivo. Nunca deberá pensar ni por un momento que la fuente es limitada. Tan pronto usted comience a pensar que el dinero esta siendo acaparado y controlado por otros y que usted debe hacer un gran esfuerzo para hacer cumplir leyes para detener este proceso o cosas por el estilo, en ese momento usted caerá en la mente competitiva y su poder para encausar creación se debilitará. Y lo que es peor, probablemente detendrá los movimientos creativos que ya haya comenzado.

Sepa que hay incontables cantidades de oro en las montañas de la Tierra, equivalentes a millones de dólares aun no extraídos a la luz. Y si no existieran, entonces serían creados de la Fuente Primigenia para suplir sus necesidades.

Sepa que el dinero que usted necesita vendrá, aun si es necesario que mil hombres sean guiados a las montañas para descubrir nuevas minas y extraer el oro.

Nunca mire a la fuente visible. Fíjese siempre en las riquezas sin límite que provienen de la Fuente Original y tenga la certeza de que esas riquezas estarán fluyendo hacia usted tan pronto como usted este listo para recibirlas y usarlas. Nadie, acaparando la fuente visible, puede prevenirle de obtener lo que es suyo.

De manera que nunca se permita pensar ni por un instante por ejemplo, que los mejores lugares para construir serán ocupados antes de que usted este listo para edificar su casa, si es que usted no se apura. Nunca se preocupe por consorcios y monopolios, ni esté angustiado por miedo a que ellos pronto vendrán a apropiarse de todas las cosas. Nunca tema que usted perderá lo que quiere porque alguna otra persona se le anticipe. Eso no es posible que suceda.

Usted no está buscando nada que le pertenezca a alguien más; usted está encausando la creación de lo que quiere desde la Fuente Primigenia, y esta Fuente no tiene límites. Aférrese con fervor a esta afirmación:

- *Hay una Fuente Primigenia de la cual todas las cosas son hechas y que en su estado original, impregna, penetra y llena los intersticios del universo.*
- *Un pensamiento, en esta Fuente Original produce aquello que es imaginado por el pensamiento.*
- *Una persona puede formar cosas en su pensamiento y al imprimir su pensamiento sobre la Fuente Primigenia, puede causar que la cosa que piensa sea creada.*

Lección 6

Atrayendo la riqueza

Cuando digo que usted no tiene por que aprovecharse de regateos baratos, no quiero decir que no pueda aprovechar ciertas gangas, o que usted está por encima de la necesidad de negociar con sus semejantes. Lo que quiero decir, es que usted no necesitará tratar con los demás de una manera injusta. Usted no tiene por que obtener algo por nada, por el contrario, deberá dar a cada persona más de lo que usted obtuvo de ella.

Se entiende que en los negocios, usted no puede darle a una persona un mayor valor en dinero del que está tomando de ella, pero si puede darle a esa persona un mayor valor de uso en lo que le está ofreciendo, que el valor monetario que usted está recibiendo de ella. El papel, la tinta y otros materiales de este libro, puede que no tengan el valor monetario que usted está pagando por ellos, pero si las ideas que le aportan le generan gran cantidad de dinero, usted no habrá sido estafado por los que le vendieron este libro. Ellos le habrán dado a usted un mayor valor de uso, que el pequeño valor monetario que usted pagó por él.

Supongamos que yo poseo un cuadro de un renombrado artista, cuyo valor es de miles de dólares. Me lo llevo a Alaska y por argumentos de venta, convenzo a un nativo a intercambiarlo por un fajo de pieles que valen unos 500 $. A pesar de que el cuadro vale mucho más, realmente le he hecho un mal, pues para él, dicho cuadro no tiene ningún uso. No tiene valor de uso para ese nativo. No enriquecerá su vida.

Pero supongamos que le intercambio sus pieles de 500 $ por un rifle de 50 $. Entonces, él habrá hecho un buen negocio. El arma tiene para él un mayor valor de uso, pues con ella podrá conseguir muchas mas pieles y comida; enriquecerá su vida en todos los aspectos. Será rico a su manera.

Cuando usted supere el plano competitivo y alcance el plano creativo, podrá escudriñar estrictamente sus transacciones comerciales y si descubre que le está vendiendo algo a alguien que no le agregue mayor calidad de vida, que lo que ella le esté dando a usted a cambio, ahora usted podrá abstenerse de hacerlo. Usted no tendrá que vencer a nadie en los negocios. Y si está en uno que lo hace, sálgase de él inmediatamente.

Proporcione a todo el mundo más en valor de uso, que lo que usted reciba en valor monetario. Entonces, usted estará agregando mayor calidad de vida al mundo por cada transacción económica que realice.

Si usted es un patrón, probablemente tendrá que tomar de sus empleados mayor valor monetario, que lo que usted les paga en salarios, sin embargo, usted puede organizar su negocio de tal manera, que estará colmado con los principios de progreso, y así cada trabajador que lo desee, podrá avanzar un poco cada día.

Usted puede hacer que su negocio haga por sus empleados lo que este libro está haciendo por usted. Puede conducir su negocio de tal manera, que se convertirá en una especie de escalera por la cual cada uno de los empleados que se tome la molestia, pueda hacerse rico. Dada la oportunidad, si no lo hacen, ya no será su responsabilidad.

Finalmente, porque usted propicie la creación de su propia riqueza a partir de la Inteligencia Primigenia que lo impregna todo, no significa que esta tomará forma de la nada y se aparecerá ante sus ojos.

Si usted quiere por ejemplo una máquina de coser, no quiero decir que usted imprimirá el pensamiento de esa máquina en la Fuente Primigenia, hasta que dicha máquina se manifieste ante sus ojos en el cuarto donde usted se encuentre. Pero si esa máquina es la que usted quiere, sostenga la imagen mental de ella con la mayor certeza de que está siendo fabricada, o que está en camino hacia usted. Después de crear el pensamiento, conserve la mayor, absoluta e incuestionable fe de que la máquina le llegará. Nunca piense o hable de ello de ninguna otra manera más que de la certeza de su consecución. Reclámela ya como suya.

Ésta será traída a usted, por el poder de la Inteligencia Suprema actuando sobre las mentes de los hombres y probablemente será llevado a cabo a través de alguna persona que aparezca con alguna clase de transacción que involucre el que usted obtenga lo que quiere. Si es así, todo el asunto implicará que ambos, usted y esa persona saldrán ganando.

Nunca olvide ni por un instante que la Fuente Original es puro pensamiento en el todo, comunicándose e influenciándolo todo. El deseo de la Inteligencia Primigenia por una mejor calidad de vida, ha creado y creará todas las máquinas de coser que existen y existirán y lo seguirá haciendo siempre que la gente la ponga en movimiento, bien sea por deseo, por fe y por actuar de *cierta manera.*

Inevitablemente, usted podrá tener todas las máquina de coser que quiera en su casa, tan cierto como lo es que usted podrá tener todas aquellas cosas que desee y que usará para el avance de su propia vida y la de sus semejantes.

Nunca debe dudar en pedir abundantemente: "*Es placer de vuestro Padre daros el reino*" dijo Jesús.

La Fuente Primigenia quiere vivir todo lo que le sea posible en ti y quiere que poseas todo aquello que puedas usar y usarás para vivir la mejor y más abundante vida.

Grábese en su conciencia el hecho de que, su deseo por la posesión de riquezas es uno con el deseo del Poder Supremo para la expresión completa de la vida y así su fe se volverá inquebrantable.

Una vez vi a un pequeño niño sentado ante un piano, tratando vanamente de extraer armonía de las teclas. Observé que estaba acongojado y contrariado por su inhabilidad para tocar verdadera música. Le pregunté la causa de su desesperación y me contestó: "Puedo sentir la música en mi, pero no puedo lograr que mis dedos se muevan correctamente". La música en él era la manifestación de la Fuente Original conteniendo todas las posibilidades de la vida. Todo era música buscando expresarse a través de ese niño.

Dios, la Fuente Única, trata de vivir, hacer y disfrutar cosas a través de la humanidad. Él está diciendo "Quiero manos construyendo estructuras portentosas, tocando armonías divinas, pintando gloriosas obras. Quiero pies llevando mis recados, ojos viendo mis bellezas, lenguas vitoreando poderosas verdades y cantando canciones maravillosas".

Todo lo que existe como posibilidad, está buscando expresarse a través del hombre. Dios quiere que aquellos que puedan tocar música, tengan pianos y cualquier otro instrumento que les permita cultivar sus talentos en su mayor amplitud. Él quiere que aquellos que puedan apreciar la belleza, se vean rodeados de cosas bellas. Él quiere que aquellos que puedan discernir la verdad, puedan tener la oportunidad de viajar y observar. Quiere que aquellos que aprecien el vestido, puedan vestir hermosos ropajes y aquellos que aprecian la buena comida, que sean opíparamente alimentados.

Él quiere todas estas cosas, porque es él mismo quien las disfruta y aprecia, pues son sus creaciones. Es Dios quien quiere jugar, tocar, cantar y disfrutar de la belleza y proclamar la verdad y usar finos ropajes y comer exquisitos manjares. "*Es Dios quien trabaja en ti, en voluntad y en hacer*" dijo el apóstol Pablo.

El deseo que usted siente por riquezas, es el Infinito buscando expresarse a través de usted, tal como buscó expresarse en el pequeño niño a través del piano.

Así que no dude en pedir con abundancia. Su papel es enfocarse y expresarle ese deseo a Dios.

Esto es algo muy difícil para la mayoría de las personas, pues retienen algo de la vieja noción de que la pobreza y el auto sacrificio son placenteros ante los ojos de Dios. Buscan la pobreza como parte del plan, una necesidad de la naturaleza. Tienen la idea de que Dios terminó su trabajo, e hizo todo lo que pudo y que la mayoría de las personas deben permanecer pobres porque no hay suficiente para todos. Tratan de no querer más que una modesta suficiencia, justo para darles una pequeña comodidad.

Recuerdo ahora el caso de una persona, a quien se le dijo que debía traer a su mente una clara imagen de la cosa que deseaba, así su pensamiento creativo sería impreso en la Fuente Primigenia. Era muy pobre, viviendo en una pequeña casa alquilada y poseyendo solo lo indispensable, no pudiendo comprender el hecho de que toda la riqueza era suya. Así que después de pensarlo, decidió que deseaba una nueva alfombra para el piso de su habitación y una estufa de carbón para calentar la casa durante el invierno. Siguiendo las instrucciones de este libro, obtuvo estas cosas en unos pocos meses. Luego se dio cuenta de que no había pedido suficiente y planificó de nuevo todas las mejoras que le gustaría hacerle. Mentalmente le agregó una ventana aquí y un nuevo cuarto allí y así, hasta que completó una imagen perfecta de la casa que quería. Sosteniendo la imagen completa en su mente, comenzó a vivir de cierta manera y moviéndose hacia lo que quería. Ahora es dueño de su casa y la está reconstruyendo de acuerdo a su imagen mental.

Lección 7

La Gratitud

Las ilustraciones dadas en el capítulo anterior, le habrán transmitido el hecho, de que el primer paso para hacerse rico, es conducir la idea de sus deseos a la Fuente Primigenia. Esto es verdadero y usted verá que para poder hacerlo, se hace necesario que usted se relacione con la Inteligencia Suprema de una manera armoniosa.

Para asegurar esta relación armoniosa, es de primaria y vital importancia, el disponer de tiempo para su estudio y seguir ciertas instrucciones, las cuales de ser acatadas, le darán la certeza de estar en perfecta unidad mental con el Poder Supremo o Dios.

El proceso completo de ajuste mental y sintonización puede ser resumido en una sola palabra: *Gratitud*.

Primero, deberá creer que hay una Inteligencia Primigenia de la cual todas las cosas proceden. Segundo, deberá creer que esta Inteligencia le proporciona todo lo que usted desea. Y tercero, deberá relacionarse con ella mediante un sentimiento de profunda gratitud.

Muchas personas que llevan una vida de rectitud, permanecen en la pobreza por su falta de gratitud.

Habiendo recibido un maravilloso regalo de Dios, cortan el vínculo que les conecta a Él, al fallar en reconocerle y agradecerle.

Es fácil entender, que mientras más cerca vivamos de la Fuente, más de la misma recibiremos y también es fácil entender, que el alma que está siempre agradecida vive en contacto más cercano con El Supremo. Mientras más agradecidamente ajustemos nuestras mentes con El Creador cuando vengan cosas buenas para nosotros, más cosas buenas recibiremos y más rápidamente vendrán. Y la razón es simplemente, que la actitud mental de la gratitud, acerca la mente a un contacto más estrecho con la fuente de la cual las bendiciones provienen.

Si para usted es nueva la idea, de que la gratitud coloca a su mente en armonía cercana con las energías creativas del universo, considérelo bien y verá que es verdad. Las cosas buenas que usted ya tiene, le han llegado debido a la obediencia de ciertas leyes. La gratitud guiará su mente a través de los caminos por los cuales las cosas vienen y lo mantendrá en armonía cercana con el pensamiento creativo y le prevendrá de caer en el pensamiento competitivo.

La gratitud sola, puede mantenerle mirando hacia el todo y prevenirle de caer en el error de pensar que la fuente es limitada; hacer eso sería fatal para sus esperanzas.

Hay una ley de gratitud y es absolutamente necesario que usted deba observarla si desea obtener los resultados que busca. La ley de la gratitud es el principio natural de como la acción y reacción siempre son iguales y en direcciones opuestas.

El agradecido alcance de su mente en alabanzas y gracias a la Suprema Inteligencia, es la acción. La gratitud no falla en alcanzar su destino y por tanto, la reacción será un movimiento instantáneo en su dirección de aquello que usted quiere.

Acérquese a Dios y Él se acercará a usted. Esa es una afirmación verdadera. Y si su gratitud es fuerte y constante, la reacción de la Suprema Inteligencia será fuerte y constante; el movimiento de las cosas que usted quiere será siempre en su dirección. Note la actitud agradecida que Jesús tenía al decir: "*Yo os agradezco Padre que me escucháis*". Usted no puede ejercitar su poder sin gratitud, porque es la gratitud la que lo mantiene conectado con el poder.

Pero el valor de la gratitud no solo consiste en concederle más bendiciones en el futuro. Sin ella, usted no puede por mucho, mantenerse alejado de los pensamientos de insatisfacción al considerar las cosas como actualmente están.

Desde el momento en que usted permita que su mente vague con insatisfacciones por el actual estado de las cosas, usted comenzará a perder terreno. Al fijar su atención en lo común, lo ordinario, lo pobre, lo escuálido y lo malo, su mente tomará la forma de esas cosas. Entonces, usted transmitirá esas formas o imágenes mentales a la Mente Suprema. Y lo común, lo pobre, lo escuálido y lo malo vendrá hacia usted.

Permitir que su mente more en lo inferior, equivale a convertirse en inferior y en rodearse de cosas inferiores. Por otra parte, fijar su atención en lo mejor, equivale a rodearse de lo mejor y convertirse en lo mejor. El poder creativo dentro nosotros, nos hace semejantes a la imagen a la cual nosotros prestemos atención. Estamos hechos de Inteligencia Pensante y ésta siempre toma la forma de aquello en que piensa.

La mente agradecida está constantemente enfocada en lo mejor. Por tanto tiende a convertirse en lo mejor. Imagine la forma y las cualidades de lo mejor y recibirá lo mejor.

Así mismo, la fe nace de la gratitud. La mente agradecida espera siempre cosas buenas y esta expectativa se convierte en fe. La acción de la gratitud sobre nuestra propia mente produce fe y cada onda de gratitud que se emite en acción de gracias aumenta nuestra fe. La persona que no tiene sentimientos de gratitud no puede mantener por mucho una fe viva y sin fe viva, usted no puede ser rico mediante el método creativo.

Es necesario entonces, cultivar el hábito de ser agradecido por cada cosa buena que llegue y dar gracias continuamente. Y porque todas las cosas han contribuido con su proceso evolutivo, debería incluirlas todas en su acción de gracias.

No pierda mucho tiempo pensando o hablando de los defectos o acciones incorrectas de aquellos que están en el poder. Su organización del mundo ha creado su oportunidad; todo lo que usted obtiene, le viene realmente gracias a ellos. No se encolerice en contra de políticos corruptos. Si no fuera por ellos, nosotros caeríamos en la anarquía y su oportunidad se vería muy disminuida.

Dios ha trabajado desde hace tiempo y muy pacientemente para que avancemos hasta donde estamos, y no se equivoca en su trabajo. No existe la menor duda de que Él eliminará los plutócratas, magnates, acreedores, industriales y políticos tan pronto como ellos puedan ser sustituidos; pero mientras tanto, todos ellos son muy necesarios. Recuerde que todos ellos están ayudando a arreglar las líneas de transmisión a lo largo de las cuales sus riquezas le llegarán y sea agradecido. Esto le llevará a tener relaciones armoniosas con lo bueno en todas las cosas, y lo bueno en todas las cosas se moverá hacia usted.

Lección 8

Pensando de *cierta manera*

La historia anteriormente comentada del hombre que se formó una imagen mental de su casa, le dará una idea del paso inicial para hacerse rico. Usted debe formarse una clara y definitiva representación mental de lo que quiere.

Nunca podrá transmitir una idea, a menos que ya la posea. Debe tenerla antes de poder darla. Mucha gente fracasa al tratar de imprimir su pensamiento en la Fuente Original, porque apenas tienen un vago concepto de lo que quieren hacer, tener o ser.

No es suficiente con tener un deseo general por riquezas. Todo el mundo tiene ese deseo. No es suficiente con tener un deseo de viajar, ver cosas, vivir más. Todo el mundo también aspira esos deseos. Si usted fuese a enviarle un telegrama a un amigo, no le enviaría las letras del alfabeto ni tomaría palabras al azar del diccionario y esperaría que el construyera el mensaje. Usted le enviaría un mensaje coherente, uno que tenga sentido.

Cuando usted trate de imprimir sus deseos en la Fuente Primigenia, deberá hacerlo con declaraciones coherentes. Debe conocer que es lo que quiere y ser específico y definido. Nunca podrá hacerse rico, o activar el poder creativo en acción, enviando anhelos inciertos y vagos deseos.

Revise sus deseos, justo como el hombre que antes describí lo hizo acerca de su casa. Observe que es lo que usted realmente desea y hágase una clara imagen mental de cómo le gustaría que eso luzca una vez que se haga realidad.

Debe fijar y mantener esa clara imagen continuamente en su mente. Así como el marino tiene en mente el puerto hacia el cual navega su embarcación, usted deberá asirse a su idea todo el tiempo. Nunca deberá perderla de vista, igual que el navegante nunca lo hace de su brújula.

No es necesario esforzarse en hacer ejercicios de concentración, ni apartar tiempo especial para afirmaciones ni oraciones, ni entrar en el silencio, ni practicar misticismo, ocultismo ni nada de eso. Algunas de estas cosas no son malas de por sí, pero realmente lo único que usted necesita saber, es que es lo que verdaderamente quiere y desearlo tan ardientemente como para que esté presente permanentemente en sus pensamientos.

Ocupe su tiempo libre tanto como le sea posible, contemplando su imagen mental. No hacen falta ejercicios de concentración de la mente para pensar en algo que uno realmente desea. Aquello que a uno no le importe mucho, es lo que requiere de algún esfuerzo para fijar la atención.

Será una pérdida de tiempo intentar seguir las instrucciones dadas en este libro, a menos que usted desee ser verdaderamente rico, tanto como para que sus deseos sean fuertemente dirigidos hacia su propósito, tal como el polo magnético atrapa la aguja de una brújula.

Los métodos aquí descritos, son solo para aquellos cuyo deseo de hacerse ricos sean tan fuertes, como para vencer la pereza mental y el amor por lo fácil y hacer que estas instrucciones funcionen.

Mientras más clara y definitiva represente usted su imagen y mientras más permanezca con ella, recreando todos sus maravillosos detalles, más fuerte su deseo se hará. Mientras más fuerte sea su deseo, más fácil será mantener en su mente, la imagen de aquello que usted desea.

Sin embargo, hace falta algo más que simplemente ver sus deseos en su mente. Si eso fuese todo, usted son sería más que un soñador y tendría poco o ningún poder de realización. Detrás de cada visión, debe existir el propósito de hacerlo realidad, de hacerlo expresión tangible. Y detrás de este propósito, debe existir una invisible y resuelta fe en que eso que desea ya es suyo, que está a su alcance y lo único que tiene que hacer es tomarlo.

Viva mentalmente en su nueva casa, hasta que ésta eventualmente tome forma física a su alrededor. En el reino de la imaginación, disfrute plenamente de una vez de aquello que usted desea.

"*Aquello por lo que oréis, creed en recibirlo, creed que os será dado*" dijo Jesús.

Vea las cosas que desea, como si ya existieran a su alrededor todo el tiempo. Véase siendo su dueño y usándolas. Disfrútelas en su imaginación tal cual lo haría como cuando sean realidad tangible.

Consolide su figura mental hasta que ésta sea clara y distintiva, luego asuma la actitud mental de propiedad de todo lo que está en la imagen. Tome posesión de ello en mente, con la indudable fe de que ya es suyo. Aférrese a esa propiedad mental. No dude ni por un instante en la fe de que es real.

Y recuerde todo lo dicho en el capítulo anterior acerca de la gratitud. Sea agradecido por ello todo el tiempo, como espera serlo cuando su deseo tome forma. Aquél que pueda sinceramente agradecer a Dios por lo que aún solo posee en su imaginación, tiene verdadera fe y se hará inmensamente rico. Propiciará la creación de todo aquello que desee.

Usted no necesita orar repetidamente por aquello que quiere. No es necesario recordárselo a Dios a cada momento. Su verdadero trabajo consiste en formular inteligentemente sus deseos por aquello que hará mas completa su vida y ordenar esos deseos en un todo coherente y luego impresionar este todo en la Inteligencia Suprema, quien tiene el poder y la voluntad de concederle todo aquello que usted desee.

Esta impresión no se hace repitiendo cadenas de palabras; se hace sosteniendo su visión con el inconmovible propósito de conseguirlo y con una firme fe de que ya lo obtuvo.

La respuesta a sus oraciones no es de acuerdo a su fe mientras esté hablando, sino de acuerdo a su fe mientras esté actuando.

No podrá impresionar la mente de Dios, apartando un día especial durante el cual le comunique lo que usted quiere y luego olvidarse de ello por el resto de la semana. No podrá impresionarlo por tener horas especiales en las cuales orar, si luego simplemente se olvida del asunto, hasta que vuelve de nuevo la hora de la oración.

Orar está bien y tiene su efecto especialmente sobre uno mismo, clarificando las visiones y fortaleciendo la fe, pero no son las peticiones orales las que conceden lo que usted desea. Para ser rico, usted no necesita una dulce hora de oración, usted necesita orar perennemente.

Y por orar perennemente quiero decir, mantener fijamente su visión, con el firme propósito de causar su creación en forma física y sostener la fe de que lo está haciendo. "*Creed que ya lo habéis recibido*".

Una vez se haya formado su clara visión, todo se reduce a *recibir.* Y no olvide por nada declararle al Supremo su gratitud. Desde ese mismo instante usted deberá en mente, recibir lo que pidió.

Viva en su nueva casa, use sus ropas finas, maneje su nuevo automóvil, realice su anhelado viaje y planifique con confianza para viajes mayores. Piense y hable de todas aquellas cosas que usted ha pedido, en términos de su actual posesión. Imagine su entorno y condiciones financieras, exactamente como usted las quiere y viva todo el tiempo en ese entorno y esas condiciones en su mente, hasta que tomen forma en el mundo físico.

Recuerde sin embargo, que usted no hace esto como un simple soñador o constructor de castillos en el aire. Sostenga la fe de que lo imaginado se está realizando y mantenga su propósito de realizarlo. Recuerde que es la fe y el propósito en el uso de la imaginación, lo que hace la diferencia entre el creador y el soñador.

Lección 9

Usando el poder de la voluntad

Para prepararse a ser rico de una manera científica, no intente aplicar su voluntad a nada fuera de usted. De cualquier manera, usted no tiene derecho a hacerlo. Es incorrecto aplicar su poder a otros hombres o mujeres, con el fin de obligarlos a realizar aquello que usted desea que sea hecho.

Es flagrantemente incorrecto además de inmoral coaccionar personas mediante el poder mental, así como lo es también mediante el poder físico. Si el obligar a las personas para que hagan cosas por medio de la fuerza física los reduce a la esclavitud, obligarlos por medios mentales logra exactamente el mismo efecto; la única diferencia está en el método. Si tomar las cosas de las personas por fuerza física es robo, entonces quitárselas mediante la fuerza mental también lo es. No hay diferencia en principio.

Usted no tiene derecho de usar su fuerza de intención sobre ninguna persona, ni siquiera por su propio bien, porque usted no sabe lo que es bueno para ella. El camino hacia una riqueza plena, no requiere de la aplicación de poder o fuerza sobre ninguna persona de ninguna manera. No existe la más insignificante necesidad de hacer eso. En realidad, cualquier intento de usar su deseo sobre otras personas, solo tenderá a frustrar su propósito.

Usted no necesita aplicar su deseo a las cosas con la finalidad de obligarlas a que vengan a usted. Eso solo sería simplemente tratar de coaccionar a Dios y eso es tonto e inútil.

Usted no tiene por qué tratar de persuadir a Dios de que le de cosas buenas, pues sería tan inútil como usar su poder de intención para hacer que el sol salga por las mañanas.

Tampoco tiene por qué usar su poder de intención para conquistar una deidad hostil, o hacer que fuerzas oscuras le ayuden a que se cumplan con sus deseos. La Fuente es amigable con usted y está más ansiosa en darle a usted lo que desea, que lo que usted pueda estar por recibirlo. Para hacerse rico, solo necesita usar su poder de intención en usted mismo.

Cuando esté bien claro en lo que realmente quiera tener, hacer o ser, entonces deberá usar su voluntad para obligarse a sí mismo a pensar y hacer las cosas correctas. Ese es el uso legítimo de la voluntad para obtener lo que se desea: usarla para mantenerse en el curso correcto. Use su poder para mantenerse pensando y actuando de *cierta manera.*

No trate de proyectar su intención, sus pensamientos o su mente hacia el espacio, con la intención de actuar sobre cosas o personas. Mantenga su mente en casa. Puede lograr más allí que en ninguna otra parte.

Use su mente para formarse una imagen mental de lo que quiere y en mantener esa visión con fe e intención. Y use su voluntad en mantener a su mente trabajando en la manera correcta.

Mientras más continua y estable sea su fe e intención, más rápidamente se hará rico, porque usted estará haciendo solo impresiones positivas en la Fuente Primigenia y no las neutralizará o perderá con impresiones negativas.

La imagen de sus deseos, sostenida con fe y propósito, es tomada por la Inteligencia Suprema e impregnada por grandes distancias a través de todo el universo. Mientras esta impresión se expande, todas las cosas serán puestas en movimiento hacia su realización. Cada cosa viviente, cada objeto inanimado, y aún las cosas no creadas, serán impelidos hasta hacer realidad aquello que usted desea. Todas las fuerzas comenzarán a ser impulsadas en esa dirección. Todas las cosas comenzarán a moverse hacia usted. La mente de las personas en todas partes, será influenciada para hacer todo lo necesario para que sus deseos se hagan realidad y trabajarán para usted inconscientemente.

Usted podrá comprobar todo esto al hacer una impresión negativa en la Mente Universal. La duda o incredulidad propiciaran tan ciertamente un movimiento de alejamiento de sus deseos, como la fe y la intención lo serán para atraerlos hacia su realización. Es por no entender esto, que la mayoría de las personas fracasan. Cada hora y cada momento que usted pase haciéndole caso a las dudas y a los miedos, cada hora que invierta en preocupaciones, cada hora en la cual su alma sea poseída por la incredulidad, colocará una corriente que le alejará de la Inteligencia Suprema. Todas las promesas son para aquellos que creen, y solamente para ellos.

Como la creencia es todo lo que importa, le corresponde a usted vigilar sus pensamientos y como sus creencias son formadas en gran medida por las cosas que usted observa y piensa, es importante que gobierne cuidadosamente aquello a lo que le presta atención. Aquí la voluntad vendrá a ser útil, porque es mediante su poder de voluntad que usted determinará aquellas cosas a las que les deberá prestar atención.

Las cosas no son atraídas a la realidad pensando acerca de sus opuestos. La salud nunca se alcanza mediante el estudio de la enfermedad, ni teniendo pensamientos de enfermedad; la rectitud no se promueve al estudiar el pecado o al pensar en el pecado; y nunca nadie se volvió rico mediante el estudio de la pobreza o al pensar en la pobreza.

La medicina como ciencia de la enfermedad, ha aumentado las enfermedades; la religión como ciencia del pecado, ha promovido el pecado, y la economía como estudio de la pobreza, ha llenado al mundo de miseria e insatisfacciones.

Si usted quiere volverse rico, no deberá hacer caso de la pobreza. No hable de la pobreza, no la investigue o se preocupe por ella. No se interese por cuáles sean sus causas; usted no tiene nada que ver con ellas. Lo que a usted le concierne es la cura.

No invierta su tiempo en los llamados trabajos o movimientos caritativos. La mayoría de las obras de caridad solo tienden a perpetuar la miseria que buscan erradicar. No digo que usted deba ser de corazón duro o cruel y se rehúse a escuchar el lamento de la necesidad, sino que no debe tratar de erradicar la pobreza en ninguna de las formas convencionales. Déle la espalda a la pobreza y deje todo lo pertinente a ella detrás y haga el bien.

Enriquezca. Esa es la mejor forma en que usted puede ayudar a los pobres. Y usted no puede mantener la imagen mental de hacerse rico, si llena su mente de imágenes de pobreza y todos sus sufrimientos. No lea libros o periódicos que den cuenta de la miseria de los vecinos, de los horrores de los niños que trabajan en la calle y demás. No lea nada que llene su mente de imágenes tristes de sufrimiento y súplica. Usted no puede ayudar a los pobres en lo más mínimo por conocer esas cosas y el conocimiento expandido de ellas, no tiende para nada a eliminar la pobreza.

Lo que tiende a erradicar la pobreza no es colocando imágenes de pobreza en su mente, sino colocando imágenes de riqueza, abundancia y posibilidades en las mentes de los pobres.

Usted no está abandonando a los pobres en su miseria, cuando rehúsa permitirse llenar su mente con imágenes de esa miseria. Se puede eliminar la pobreza, no al aumentar el número de gente adinerada pensando en pobreza, sino aumentando el número de gente pobre que se propongan con fe alcanzar la riqueza.

Los pobres no necesitan caridad; ellos necesitan inspiración. La caridad solo les envía una hogaza de pan para mantenerlos vivos en su miseria, o les da un entretenimiento para hacerlos olvidarla por una hora o dos. Pero la inspiración puede hacer que se levanten y salgan de su miseria. Si usted quiere ayudar a los pobres, demuéstreles que ellos pueden hacerse ricos. Pruébeselos al hacerse rico usted mismo.

La única forma en que la pobreza será borrada de este mundo es haciendo que un gran número de personas en constante crecimiento practique las enseñanzas de este libro.

La gente debe ser enseñada a ser rica mediante la creación y no mediante la competencia. Cada persona que se hace rica por competencia, tumba la escalera por la cual se levantó, y elimina el camino para otros. En cambio, cada persona que se vuelve rica a través de la creación, abre un camino para miles a seguir y les inspirará a imitarlo.

Usted no está mostrando dureza de corazón o una disposición insensible, cuando se rehúsa a lamentarse de la pobreza, ver la pobreza, leer acerca de la pobreza, pensar o conversar acerca de ella, o escuchar a aquellos que sí lo hacen. Use su poder de intención para mantener el asunto de la pobreza fuera de su mente y en mantenerse aferrado con fe y propósito, en lo que usted desea y está creando.

Lección 10

Usos consecuentes de la voluntad

Usted no podrá retener una verdadera y clara visión de riquezas, si constantemente dirige su atención a imágenes opuestas, sean estas externas o imaginarias.

No deberá hablar ni pensar en problemas del pasado si alguna vez los tuvo. Nunca piense en ellos para nada. No cuente acerca de la pobreza de sus padres o de los malos tiempos de su vida. Hacer esto, es auto clasificarse mentalmente como pobre y ciertamente pondrá esas cosas en su dirección. Deje la pobreza y todo lo que a ella se refiera en el pasado.

Usted ha aceptado cierta teoría del universo como correcta y todas sus esperanzas de felicidad descansan en que esto sea cierto. ¿Qué podría usted ganar dándole atención a teorías opuestas?

No lea libros que pregonen teorías apocalípticas, ni lea las escrituras de intrigantes y pesimistas que hablan acerca de la maldad en el mundo. La humanidad no se encamina hacia el abismo, se encuentra en plena expansión hacia Dios. Tiene un hermoso devenir.

Verdad es que hay muchas cosas desagradables en el mundo, ¿pero qué motivo habría de recordarlas, cuando esas cosas eventualmente desaparecerán, y el tenerlas presentes solo ocasionará que su paso se haga mas lento por nuestro mundo?

¿Para qué dar importancia y atención a cosas que serán eliminadas por el crecimiento evolutivo, cuando usted podría acelerar su desaparición, promoviendo el crecimiento y evolución en cuanto a usted concierne?

Sin importar cuán horribles y desdichadas puedan ser las condiciones en ciertos países, lugares o localidades, usted pierde su tiempo y destruye sus oportunidades al fijarse en ellas. Su interés debería centrarse en hacer que usted y el mundo alcancen la riqueza plena.

Piense en lo opulento que nuestro mundo se está volviendo, en vez de pensar en la pobreza que está desapareciendo y tenga presente, que la única manera en la que usted puede ayudar al mundo a crecer hacia la riqueza, es haciéndose rico usted mismo a través del pensamiento creativo, y no a través del pensamiento competitivo.

Preste toda su atención a la riqueza. No enfoque la pobreza. Cada vez que piense o hable de aquellos que son pobres, piense y hable de ellos como aquellos que serán ricos, por lo que deberán ser felicitados en vez de ser compadecidos. De esta manera, ellos y otros captaran la inspiración, y comenzarán su propia búsqueda del camino.

El hecho de que le diga que usted debe prestar todo su tiempo, mente y pensamientos a la riqueza, no significa que deba ser mezquino.

En el plano competitivo, la lucha por hacerse rico es un cruel e insensato arrebato por poseer poder sobre los demás, pero cuando entramos en la mente creativa, todo esto cambia. Todo lo que es posible en el camino de la grandeza, del servicio y del elevado esfuerzo, viene a través del camino de hacerse rico, porque todo es posible a través del uso de las cosas. Usted no puede apuntar a algo más grande y noble repito, que hacerse rico, por tanto deberá fijar su atención en su representación mental de riquezas, excluyendo todo aquello que pueda oscurecer u obstaculizar su visión.

Algunas personas permanecen pobres, solo por el hecho de ignorar que existen riquezas para ellos, y la mejor manera de enseñarles, es mostrándoles el camino de la abundancia, reflejándolo en su propia práctica personal. Otros son pobres, porque a pesar de sentir que hay un camino, son demasiado indolentes para hacer el esfuerzo mental necesario para conseguir dicho camino y transitarlo. Para ellos, lo mejor que se puede hacer es despertarles el deseo, mostrándoles la felicidad que se alcanza siendo rico.

Otros son pobres, pues a pesar de tener alguna noción del camino, se han empantanado tanto y perdido en el laberinto de teorías, que no aciertan a escoger el camino correcto. Intentan una mezcla de muchos sistemas y por supuesto, fallan en todos. Para ellos, el mejor camino es también enseñarles con su propio ejemplo y práctica. Un gramo de hechos equivale a un kilo de teorías. Lo mejor que usted puede hacer por el mundo, es hacer lo mejor por usted mismo.

No hay mejor manera en que usted pueda servirle a Dios y a la humanidad, que haciéndose rico; siempre y cuando su riqueza la obtenga a través del método creativo. Hacerse rico es la más noble causa que pueda emprender en su vida, pues ello lo incluye todo.

Otra cosa. Aseveramos que este libro muestra en detalle los principios de la ciencia de hacerse rico. Si esto es cierto, entonces usted no necesita leer ningún otro libro acerca del tema. Esto puede sonar mezquino y egoísta, pero considere: No existe ningún otro método científico para calcular en matemáticas que no sean la suma, la resta, la multiplicación y la división; ningún otro método es posible. Solo existe una menor distancia entre dos puntos. Hay solo una manera científica de pensar y esa es pensar en el modo más directo y simple de lograr un objetivo. Hasta ahora, nadie ha podido formular un sistema más simple y menos complejo que el aquí señalado. Ha sido desprovisto de todo lo no esencial. Cuando comience con este, deje todos los demás de lado. Bórrelos por completo de su mente.

Lea este libro todos los días. Manténgalo consigo. Memorícelo y no piense en otros sistemas ni teorías. Si lo hace, empezará a tener dudas, incertidumbres y desvaríos en sus pensamientos y comenzará a fracasar. Después que se haya hecho rico, podrá estudiar cualquier otro sistema, si así lo decide.

Lea solo los comentarios más optimistas de las noticias, aquellos que se encuentren en armonía con sus pensamientos. Tampoco se involucre en asuntos de teología, espiritualismo o estudios similares. Tal vez los muertos todavía anden cerca, pero si lo están, déjelos en paz; ocúpese de sus propios problemas.

Como quiera que sean los espíritus, ellos tienen sus propios asuntos por resolver y nosotros no tenemos ningún derecho a interferir. No podemos ayudarlos y es dudoso que ellos puedan hacerlo con nosotros, o si tenemos algún derecho a disponer de su tiempo, si es que pueden. Dejemos a los muertos y al más allá por su cuenta y avóquese a resolver su propio dilema: Hacerse rico. Si comienza a relacionarse con el ocultismo y demás, originará contracorrientes mentales que seguramente harán naufragar sus esperanzas.

Este y el capítulo precedente nos han traído las siguientes declaraciones de hechos básicos:

- *Existe una Fuente Primigenia de la que todas las cosas son hechas, la cual en su estado original impregna, penetra y llena todos los intersticios del universo.*
- *Un pensamiento en la Fuente Original, produce aquello que es imaginado por ese pensamiento.*
- *Una persona puede formar cosas en sus pensamientos y al imprimirlos en la Fuente Primigenia, puede hacer que esas cosas que pensó sean creadas*
- *Para poder realizar esto, una persona debe pasar de una mente competitiva a una mente creativa; debe formarse una clara imagen mental de lo que desea y sostener*

esta representación en sus pensamientos con el propósito fijo de obtener lo que quiere y la firme fe de que obtiene eso que quiere, cerrando su mente a todo aquello que tienda a interferir en sus propósitos, oscurecer su visión o apagar su fe.

Lección 11

Actuando de *cierta manera*

El pensamiento es el poder creativo o la fuerza incitadora que impele al poder creativo a actuar. El pensar de cierta manera le traerá riquezas, pero no deberá depender solamente del pensamiento, sin prestar atención a la acción personal. Ese es el muro contra el cual muchos que supuestamente siguen el *cierto camino* se estrellan: La falta de conexión entre el pensamiento y la acción personal.

Todavía no hemos alcanzado el estado de desarrollo, suponiendo que ese estado pueda ser posible, en que una persona sea capaz de crear directamente desde la misma Inteligencia Universal, sin el concurso de manos humanas. Una persona no solo debe pensar, sino que su acción personal deberá complementar sus pensamientos.

Es a través del pensamiento, que usted podrá hacer que el oro de las montañas sea impelido hacia usted. Sin embargo, este no se extraerá por si mismo, ni se auto refinará, ni se imprimirá en monedas, ni vendrá rodando a lo largo del camino buscando su bolsillo.

Bajo el imperioso poder del Espíritu Supremo, los asuntos de la gente son ordenados de tal manera, que alguien extraerá ese oro por usted. Los negocios de otras personas serán tales, que el oro será dirigido hacia usted. Y usted tendrá que arreglar todos sus asuntos de tal forma, que pueda estar preparado para recibirlo cuando le sea enviado en su dirección. Sus pensamientos harán que todo lo animado e inanimado trabaje para hacer que usted reciba aquello que quiere, pero su actividad personal deberá ser tal, que usted pueda canalizar y recibir eso que quiere cuando le llegue. No lo tomará como caridad, ni lo robará. Deberá darle a cada persona en valor de uso, más de lo que usted obtenga en valor monetario.

El uso científico del pensamiento, consiste en formarse una clara y distintiva imagen mental de lo que se quiere, en mantenerse firmemente aferrado al propósito de obtener lo que se desea y en reconocer con profunda fe y gratitud, que uno obtiene lo que uno quiere.

No trate de proyectar sus pensamientos de una manera oculta o misteriosa, con la idea de que salgan a hacer algo por usted. Será esfuerzo perdido y lo único que logrará será debilitar su poder de pensar claramente.

La acción de pensar en hacerse rico, fue explicada en detalle en los capítulos precedentes. Su fe y propósito impresionan positivamente su visión en la Fuente Primigenia, quien posee su mismo deseo de evolución y esta visión recibida de usted, pondrá todas las fuerzas creativas a trabajar en y a través de los canales regulares de acción, pero dirigidos hacia usted.

No es su misión guiar o supervisar el proceso creativo. Lo único que tendrá que hacer es retener su visión, aferrarse a su propósito, y mantener viva su fe y gratitud.

Pero deberá actuar de *cierta manera*, de forma tal que pueda apropiarse de lo que es suyo cuando le llegue, reconocer las cosas que pensó en su imagen y ponerlas en su sitio apropiado cuando finalmente arriben.

Cuando las cosas le lleguen, será a través de las manos de otros, quienes le pedirán su equivalente a cambio. Y usted solo podrá obtener lo que es suyo, dándole a esos otros lo que por derecho les corresponde.

Es a través del pensamiento que las cosas llegan a usted, pero es a través de la acción que usted las recibe. Este es el paso crucial en el camino hacia una riqueza plena. Es justo aquí, donde el pensamiento y la acción personal se combinan. Existen muchas personas, quienes consciente o inconscientemente ponen las fuerzas creativas en acción, por la fortaleza y persistencia de sus deseos, pero permanecen pobres porque no prevén para la recepción de eso que quieren cuando les llegue.

Sea cual fuere la acción que se deba tomar, es evidente que deberá actuar ¡ahora! No podrá actuar en el pasado, por lo que es esencial para la claridad de su imagen mental, que usted despida al pasado de su mente. Tampoco podrá actuar en el futuro, pues este aún no ha llegado. No es posible predecir como se actuará ante una futura contingencia, hasta que esta no se haga presente.

Porque usted no se encuentre ahora en el negocio correcto o en el ambiente correcto, no crea que deberá posponer la acción hasta que eso ocurra. Y no malgaste su tiempo presente pensando en el mejor curso de acción ante futuras emergencias; tenga fe en sus habilidades para enfrentar emergencias en cuanto se presenten. Si usted actúa en el presente con su mente en el futuro, su acción presente será tomada por una mente dividida y no será efectiva. Ponga toda su mente en las acciones presentes.

No espere impregnar su impulso creativo en la Fuente Creadora y luego sentarse y aguardar por resultados. De esta manera nunca los recibirá. Sin esfuerzo de su parte, su bolsillo simplemente no será transformado en una bolsa de la fortuna por siempre rebosante de dinero.

No existe mas tiempo que ahora, ni habrá mas tiempo que el ahora. Si usted va a estar alguna vez listo para recibir lo que quiere, deberá comenzar ahora. Y su acción sea cual fuere, probablemente tendrá que ser en su actual ocupación, y con las personas y cosas de su actual entorno.

Usted no puede actuar donde no está, no puede actuar donde estuvo, ni puede actuar donde estará. Usted solo puede actuar donde actualmente se encuentra.

No se preocupe si el trabajo de ayer estuvo bien o mal hecho; simplemente haga el trabajo de hoy bien.

No intente hacer el trabajo de mañana hoy; habrá suficiente tiempo para hacerlo cuando su tiempo llegue.

No intente por medios ocultos o místicos actuar sobre gente o cosas que están fuera de su alcance.

No espere por un cambio de ambiente para actuar; cambie su ambiente actuando. Usted podrá influir sobre su actual estado de cosas, tanto como para causar su cambio a uno mejor.

Sostenga con fe y propósito su visión de un mejor entorno, pero actué en sus actuales circunstancias con todo su corazón, toda su energía y toda su mente.

No malgaste su tiempo soñando despierto, construyendo castillos de arena. Sosténgase en la única visión de lo que quiere y actúe ahora.

No intente hacer nuevas, extrañas, inusuales o notables acciones, como un primer paso hacia la riqueza. Es muy probable que sus actos, al menos por el momento presente, deban ser los mismos que ha estado haciendo por algún tiempo, pero deberá comenzar a hacerlos de *cierta manera*, lo que inevitablemente le conducirán hacia la riqueza.

Si está involucrado en algún tipo de negocio u ocupación y siente que no es el correcto para usted, no espere a estar en el negocio u ocupación correctos para empezar a actuar. No se sienta descorazonado ni se lamente por estar en el lugar incorrecto. Nadie puede estar tan perdido como para no encontrar su lugar, y nadie estará tan involucrado en la actividad equivocada, como para que no pueda ingresar en la actividad apropiada.

Mantenga la visión de si mismo en el negocio adecuado, con el propósito de entrar en él y sostenga la fe de que lo logrará; que ya lo está haciendo, pero actúe en su presente actividad

Emplee su actual ocupación como un trampolín para lograr una mejor y use su entorno presente para ingresar en uno mejor. Su visión del negocio correcto, si es sostenida con fe y propósito, hará que el Poder Supremo le conduzca hacia él. Y sus acciones, si son realizadas de *cierta manera*, ocasionarán que usted se mueva hacia la actividad deseada.

Si es usted un empleado y siente que debe cambiar de lugar para poder obtener lo que quiere, no proyecte sus pensamientos hacia el espacio y dependa de él para conseguirse otro trabajo. Probablemente fracasará. Simplemente sostenga la visión de si mismo en ese trabajo que tanto quiere, mientras actúa con fe y propósito en su actual ocupación, y ciertamente usted obtendrá eso que tanto desea.

Su visión y fe pondrán la fuerza creativa en movimiento para atraerlo hacia usted, y sus acciones causaran que las fuerzas en su propio ambiente le trasladen al lugar en el que desea estar. Para cerrar este capítulo, agregaremos otra declaración a nuestro silabario.

- *Existe una Fuente Primigenia de la que todas las cosas son hechas, la cual en su estado original impregna, penetra y llena todos los intersticios del universo.*

- *Un pensamiento en la Fuente Original, produce aquello que es imaginada por ese pensamiento.*
- *Una persona puede formar cosas en sus pensamientos y al imprimirlos en la Fuente Primigenia, puede hacer que esas cosas que pensó sean creadas*
- *Para poder realizar esto, una persona debe pasar de una mente competitiva a una mente creativa; debe formarse una clara imagen mental de lo que desea y sostener esta representación en sus pensamientos con el propósito fijo de obtener lo que quiere y la firme fe de que obtiene lo que quiere, cerrando su mente a todo aquello que tienda a interferir en sus propósitos, oscurecer su visión o apagar su fe.*
- *Para poder recibir lo que se quiere cuando esto llegue, una persona deberá actuar ahora sobre la gente y las cosas en su presente entorno.*

Lección 12

La acción eficiente

Usted deberá canalizar sus pensamientos de acuerdo a la manera que se le indicó en el capítulo precedente y comenzar a hacer ahora lo que tenga que hacer, independientemente de su presente situación.

Usted solo podrá avanzar, en la medida en que supere sus actuales circunstancias y nadie podrá evolucionar hacia un estado superior, mientras tenga asuntos pendientes por realizar en su estado presente. El mundo es asistido a evolucionar, solo por aquellos que logran superar con creces sus circunstancias presentes.

Si nadie alcanzara a superar su estado presente, solo se observaría un retroceso en todo. Aquellos que no se superan a sí mismos en su situación presente, son un peso muerto para la sociedad, el gobierno, el comercio y la industria. Deben ser asimilados por otros a un gran costo. El progreso del mundo es retrasado por esos que no superan su actual estado de cosas. Ellos pertenecen a un pasado, y su tendencia es a la degeneración. Ninguna sociedad podría avanzar si cada ciudadano fuese inferior a su estado; la evolución social es guiada por la ley de la evolución física y mental.

En el mundo viviente, la evolución propicia un permanente y continuo incremento de vida. Cuando un organismo posee un mayor potencial de vida, que la que pueda ser expresada por sus funciones en su propio nivel, desarrollará órganos de un plano superior y una nueva especie se originará.

Nunca hubiesen aparecido nuevas especies, si no hubiesen existido organismos que superasen con creces su presente nivel de evolución. La ley es exactamente la misma para usted. Hacerse rico depende de la aplicación de estos mismos principios a sus propios asuntos.

Cada día es, o bien un día exitoso o bien un día fallido y son los días exitosos los que le proporcionarán aquello que usted anhela. Si cada día es un fracaso, usted nunca se hará rico, mientras que si cada día es un día exitoso, será imposible que no alcance la riqueza.

Si hay algo que usted deba hacer hoy y no lo hace, habrá fallado en cuanto a ese hecho concierne y las consecuencias pudieran ser más desastrosas de lo que pueda imaginarse.

No es posible predecir el resultado de ni siquiera el más trivial de los actos. Usted desconoce los poderes de todas las fuerzas que han sido puestas en movimiento en su favor. Mucho puede depender de su proceder en el más simple de los actos y pudiera ser ese acto, el que abriese la puerta de las oportunidades a grandes posibilidades. Nunca podrá conocer todas las posibles combinaciones que la Suprema Inteligencia este haciendo para usted en el mundo de lo material y de los asuntos humanos.

Su negligencia o falla en hacer alguna pequeña cosa que ha debido hacer, podría causar un largo retraso en obtener aquello que usted desea.

Haga todos los días, todo aquello que deba hacer ese día y hágalo bien.

Sin embargo, hay una limitación o advertencia de lo antes descrito que habrá de tener en consideración. No deberá trabajar en exceso, ni lanzarse ciegamente sobre su ocupación con la intención de hacer la mayor cantidad de cosas en el menor tiempo posible. No deberá intentar hacer el trabajo de mañana hoy, ni hacer el trabajo de una semana en un día. No es realmente la cantidad de cosas que hace, sino la eficiencia de cada una de esas acciones por separado, lo que cuenta.

Cada acto es por si mismo, un éxito o un fracaso. Cada acto es por si mismo, eficiente o ineficiente. Cada acto ineficiente es un fracaso y si usted malgasta su vida haciendo actos ineficientes, toda su vida será un gran fracaso. Si todos sus actos son ineficientes, mientras más haga peor para usted. Por el contrario, cada acto eficiente es un triunfo en si mismo y si cada acto de su vida es eficiente, toda su vida será un triunfo.

La causa de los fracasos, es hacer muchas cosas de una manera ineficiente y no hacer suficientes cosas de un modo eficiente.

De esto podríamos deducir, que si usted no hace ningún acto ineficiente y hace un número suficiente de actos eficientes, usted se hará rico. Por tanto, si le fuese posible ejecutar todos y cada uno de sus actos de una manera eficiente, convendrá en que hacerse rico se reduce a una ciencia exacta como las matemáticas.

La cuestión se reduce entonces, en hacer de cada acto por separado un triunfo en si mismo. Y esto usted ciertamente lo puede lograr. Podrá hacer de cada uno de sus actos un éxito, porque El Supremo está trabajando con usted y Él no falla.

El poder está a su servicio y para hacer cada acto de manera eficiente, solo tiene que poner el poder en él.

Cada acción puede ser firme o débil y cuando cada acción que usted ejecute sea firme, entonces usted estará actuando de *cierta manera,* y ésta le llevará hacia una riqueza plena. Y cada acto podrá ser hecho firme y eficiente, sosteniendo la visión de su deseo mientras lo realiza y anteponiendo todo el poder de su fe y propósito en él.

Es en este punto, donde la gente que separa el poder mental de la acción personal fracasa. Usan el poder de la mente en un lugar y a un tiempo, pero actúan de otra manera, en otro lugar o en otro tiempo. Por lo tanto, sus actos no son exitosos en si mismos; muchos de ellos son ineficientes. Pero si todo el poder es puesto en cada acto sin importar cuan trivial sea, cada acto será un triunfo en si mismo. Y siendo la naturaleza de las cosas, que cada éxito abre las puertas a nuevos éxitos, su progreso hacia lo que usted desea se acelerará vertiginosamente.

Las acciones exitosas son acumulativas en sus resultados. Como el deseo por evolucionar es inherente a todas las cosas, cuando una persona comienza su ascenso hacia una vida superior, más cosas se le unen y la influencia de su deseo se multiplica.

Haga cada día todo lo que tenga que hacer y realice cada acto de una manera eficiente.

Al decir que usted deba sostener su visión mientras realiza cada uno de sus actos, sin importar lo común o trivial que sean, no quiero decir que es necesario que mantenga en todo momento su visión hasta en los más mínimos detalles. Deberá ser la ocupación de su tiempo libre, el usar su imaginación para trabajar todos los detalles de su visión y contemplarlos hasta que estén firmemente arraigados en su memoria. Si quiere rápidos resultados, ocupe todo su tiempo libre en esta práctica.

Por efecto de la contemplación continua, usted creará la imagen de lo que desea hasta en los más mínimos detalles. Esta imagen se afianzará tan firmemente en su mente y será transferida tan íntegramente a la mente de la Fuente Suprema, que en sus horas de trabajo solo necesitará hacer una pequeña referencia mental de su imagen, para estimular su fe y propósito y propiciar de esta manera su realización.

Contemple su imagen en sus horas de descanso, hasta que su conciencia este tan llena de ella, que usted pueda traerla a su mente en un instante. Se entusiasmará tanto con su brillante promesa, que su mero pensamiento convocará a las mas potentes energías de todo su ser.

- *Existe una Fuente Primigenia de la que todas las cosas son hechas, la cual en su estado original impregna, penetra y llena todos los intersticios del universo.*
- *Un pensamiento en esta Fuente Original, produce aquello que es imaginado por ese pensamiento.*
- *Una persona puede formar cosas en sus pensamientos y al imprimirlos en la Fuente Primigenia, puede hacer que esas cosas que pensó sean creadas*
- *Para poder realizar esto, una persona debe pasar de una mente competitiva a una mente creativa; debe formarse una clara imagen mental de lo que desea y sostener esta representación en sus pensamientos con el propósito fijo de obtener lo que quiere y la firme fe de que obtendrá eso que quiere, cerrando su mente a todo aquello que tienda a interferir en sus propósitos, oscurecer su visión o apagar su fe.*
- *Para poder recibir lo que se quiere cuando esto llegue, una persona deberá actuar ahora sobre la gente y las cosas en su presente entorno.*
- *Deberá hacer cada día, todo lo que deba ser hecho, haciendo cada cosa por separado de una manera eficiente*

Lección 13

Ingresando al negocio apropiado

El éxito en cualquier negocio en particular depende en gran medida, de la posesión en un estado bastante desarrollado, de las facultades requeridas para ese negocio.

Sin una buena aptitud para la música, nadie podrá tener éxito como profesor de música. Sin buenas habilidades mecánicas, nadie podrá lograr con gran notoriedad ningún oficio mecánico. Sin tacto ni habilidades comerciales, no se podrán enfrentar con éxito actividades mercantiles. Sin embargo, el poseer esas bien desarrolladas facultades, no le garantizarán que usted se hará rico. Hay músicos que poseen extraordinarias facultades y sin embargo permanecen pobres. Hay herreros, carpinteros y otros trabajadores que poseen sobresalientes habilidades mecánicas y sin embargo no logran hacerse ricos. También hay comerciantes con buen tacto para los negocios, quienes no obstante fracasan en sus tratos comerciales.

Las diferentes facultades, no son más que meras herramientas. Es importante tenerlas, pero es tanto más importante saber usarlas de la manera adecuada. Un hombre puede tomar un bien afilado serrucho, una escuadra, un buen plano y construir un hermoso mueble. Otro podrá aplicarse con las mismas herramientas y condiciones a hacer el mismo trabajo, para terminar produciendo un remedo del mismo, al no tener suficientes conocimientos de como utilizar dichas herramientas de una manera apropiada.

Las diferentes facultades que usted posea en su mente, serán las herramientas con las que hará el trabajo de hacerse rico. Por lo tanto, será más fácil para usted, si ingresa en un negocio para el cual usted esté bien equipado mentalmente.

Generalmente hablando, usted actuará mejor en un negocio en el que pueda aplicar sus mayores facultades; aquel para el cual usted se encuentre mejor preparado. Pero también hay limitaciones para esta aseveración. Nadie debería considerar su vocación como irrevocablemente condicionada por las tendencias con las que se nació.

Usted podrá hacerse rico en cualquier negocio, pues si usted no posee el talento adecuado, siempre le será posible desarrollarlo. Simplemente deberá adquirir las herramientas en la medida en que progresa, en vez de limitarse al uso de aquellas con las que nació. Puede que le sea más fácil sobresalir en una vocación para la cual ya tiene ciertos talentos bien desarrollados, sin embargo, igualmente podrá sobresalir en cualquier vocación, pues usted puede desarrollar cualquier talento, por rudimentario que sea y no existe talento para el cual al menos usted no tenga algún fundamento.

Por supuesto, usted se hará rico más fácilmente en términos de esfuerzo, si hace aquello para lo cual está mejor preparado, pero se hará rico con mayor satisfacción, si hace aquello que usted quiera hacer.

Trabajar en hacer aquello que a uno le guste hacer es una de las mejores definiciones del éxito. Nunca se tendrá una verdadera satisfacción de vivir, si somos forzados para siempre a hacer aquello que nos disgusta, sin tener la posibilidad hacer aquello que nos gustaría. El deseo de hacerlo, es prueba suficiente de que usted posee en su interior el poder para hacer eso que usted quiera hacer.

El deseo es una manifestación de poder. El deseo de tocar música, es el poder de tocar música buscando expresarse y desarrollarse. El deseo de inventar aparatos mecánicos, es el talento mecánico buscando expresión y desarrollo.

Cuando no exista el poder desarrollado o sin desarrollar para hacer algo, nunca habrá el deseo de hacer ese algo, mientras que donde haya un gran deseo, es prueba cierta de que hay un gran poder de hacer y solo necesita ser desarrollado y aplicado de la manera correcta.

Siendo todas las demás cosas iguales, lo mejor seria seleccionar aquel negocio para el cual se tienen mejores talentos. Sin embargo, si usted tiene un gran deseo de proseguir en una particular senda de trabajo, debería seleccionar esa senda en particular como su verdadero objetivo de vida.

Usted puede hacer lo que quiera y es su derecho y privilegio el seguir el negocio u ocupación que le sea mas placentero y congenial. Usted no está obligado a hacer aquello que no quiera hacer y no debería hacerlo, excepto como una manera de encauzarle en el camino de lo que realmente quisiera hacer.

Si usted acarrea algunos errores del pasado, cuyas consecuencias le han colocado en un negocio o ambiente no deseado, puede que se vea obligado por un tiempo a seguir la misma línea de trabajo, pero podrá hacerlo más placenteramente, sabiendo que eso que está haciendo, hará posible el que muy pronto pueda hacer aquello que anhela hacer.

Si usted siente que no se encuentra en la vocación correcta, no trate impulsivamente de cambiar a otra vocación. Generalmente, la mejor manera de cambiar de negocio o ambiente, es trascendiéndolo.

No sienta temor en hacer un cambio imprevisto y radical si la oportunidad se presenta y usted siente luego de una cuidadosa consideración, que es su oportunidad, pero nunca asuma cambios radicales, si tiene alguna duda acerca de lo sensato de tomar semejante decisión.

Nunca hay apuro en el plano creativo y nunca habrá falta de oportunidades. Cuando usted abandone el camino de la mente competitiva, comprenderá el por que nunca deberá actuar precipitadamente. Nadie le batirá en aquello que usted quiera hacer, pues hay suficiente para todos. Si un espacio es tomado, ciertamente otro mejor se abrirá para usted. Hay suficiente tiempo. Cuando dude, espere. Regrese a la contemplación de su visión, e incremente su fe y propósito. Y por todos los medios, en tiempos de duda e indecisión, cultive la gratitud.

Uno o dos días invertidos en contemplar la visión de lo que usted quiere, con profundo agradecimiento de que ya lo está recibiendo, pondrá su mente en tan cercana relación con El Supremo, que usted no cometerá error alguno cuando finalmente tome su decisión.

Hay una mente que sabe todo lo que hay que saber y usted podrá conectarse en íntima comunión con esa mente, por la fe y el propósito de progresar en la vida, solo si posee una profunda gratitud.

Los errores generalmente ocurren por obrar precipitadamente, por actuar con duda, con temor, o por omisión de los verdaderos motivos; los cuales son una vida mejor para todos.

En la medida en que usted progrese en el cierto camino, las oportunidades se presentarán cada vez en mayor número, por lo que usted deberá perseverar firmemente en su fe y propósito y permanecer en cercano contacto con la Mente Suprema al mostrar reverente gratitud.

Haga todo aquello que deba hacer cada día de una manera perfecta, pero hágalo sin precipitación, preocupación o temor. Vaya tan rápido como pueda, pero nunca con apuro.

Recuerde que en el momento en que usted comience a apurarse, dejará de ser creador para convertirse en competidor. Eso implicará un retroceso a su anterior nivel de desarrollo.

Cada vez que se encuentre a sí mismo apurado, cálmese y deténgase. Fije su atención en la imagen mental de aquello que quiere y comience a dar gracias de que ya lo está recibiendo. El ejercicio de la gratitud nunca fallará en fortalecer su fe y renovar su propósito.

Lección 14

Generando la impresión de crecimiento

Sea que decida cambiar su vocación o no, sus acciones por el momento presente, deberán ser aquellas pertinentes a su actual ocupación.

Usted podrá cambiarse a la actividad de sus sueños, haciendo uso constructivo de lo que actualmente hace, haciendo su trabajo diario de *cierta manera.*

Y siendo que su actual ocupación, de algún modo probablemente involucra el trato con gente, bien sea en persona o a distancia, el pensamiento clave que deberá orientar todos sus esfuerzos, será el de transmitir a sus mentes, la impresión de crecimiento.

Crecimiento es lo que toda mujer u hombre persiguen; es la necesidad vital de la Inteligencia Primigenia en cada quien, que aspira a su máxima expresión.

El deseo de crecimiento es inherente a todo en la naturaleza; es el impulso fundamental del universo. Toda actividad humana se basa en el deseo de crecer. La gente anda en búsqueda de más y mejores alimentos, más ropas, mejores casas, más lujos y comodidades, más belleza, más conocimientos, mas placeres; mejoras en todo, mejor vida.

Toda criatura viviente se encuentra bajo la imperiosa necesidad de un continuo desarrollo. Cuando el avance y crecimiento de la vida se detiene, sobrevienen la disolución y la muerte.

El hombre lo sabe por instinto, por lo que siempre anda en búsqueda de más. Esta ley del perpetuo crecimiento fue explicada por Jesús en la parábola de los talentos: "*Porque al que produce se la dará y tendrá en abundancia; pero al que no produce, se le quitará hasta lo que tiene*"

El deseo normal por un incremento de la riqueza no es malo ni criticable. Es simplemente el deseo por una vida más abundante. Es inspirador.

Y porque está en lo más profundo de la naturaleza humana, todo hombre y toda mujer son atraídos hacia aquellos quienes puedan ofrecerles más progreso en la vida.

Siguiendo el *cierto camino* tal como es descrito en nuestra obra, usted estará conquistando crecimiento y estará prodigándolo a todo aquel con quien tenga algún trato.

Usted es un centro creativo, desde donde el crecimiento es trasmitido hacia todos. Interiorice esto y transmita la certeza de este hecho a cada hombre, mujer o niño con quien establezca algún contacto. No importa cuan pequeña sea esa relación, deposite en esa acción el pensamiento de incremento y asegúrese de que esa persona sea impregnada con dicho pensamiento.

Transmita la impresión de progreso en todo lo que haga, así todo el mundo percibirá que usted es una persona de progreso y que contribuye con el desarrollo de todo aquel con quien trate. Incluso con la gente con la que se reúne socialmente, sin ninguna intención de hacer negocios, ofrézcales la impresión de crecimiento.

Podrá trasmitir dicha impresión, creyendo con inconmovible fe que usted está en el camino del crecimiento. Permita que esta fe inspire, llene y penetre cada acción. Haga todo con el firme convencimiento que usted es una persona en expansión y por lo tanto ayuda a todos a evolucionar.

Sienta que está haciéndose rico y que al hacerlo, esta haciendo que otros también se enriquezcan, confiriendo beneficios a todos.

No presuma ni alardee de su éxito, ni hable de él innecesariamente; la verdad nunca es ostentosa.

Cada vez que consiga una persona ostentosa, encontrará a alguien dudoso o temeroso. Simplemente sienta la fe y déjela actuar en cada relación. Deje que cada acto, tono o expresión transmitan la callada certeza de que usted se esta haciendo rico; de que ya es rico. No serán necesarias palabras para comunicar a los demás este sentimiento. Ante su presencia, todos presentirán ese crecimiento y serán atraídos hacia usted.

Deberá impresionar a los demás de tal manera, que sientan que al asociarse con usted, ellos también crecerán. Asegúrese de darles a ellos un mayor valor de uso, que el valor monetario que usted pueda estar recibiendo de ellos.

Siéntase honestamente orgulloso de lo que está haciendo y permita que todo el mundo se entere y nunca le faltaran clientes. La gente siempre irá donde perciba progreso y el Supremo, que deseando crecimiento para todos y todo lo sabe, moverá en su dirección, hombres y mujeres de los que nunca ha oído hablar. Su negocio crecerá rápidamente y se sorprenderá de los inesperados beneficios que le llegarán. Usted podrá día a día, hacer mayores asociaciones, asegurar mayores beneficios e incluso, explorar nuevas vocaciones si así lo desea.

Pero al hacer todo esto, nunca deberá perder de vista su visión acerca de lo que desea, o su fe y propósito de obtener aquello que usted quiere.

Permítame darle otra palabra de precaución acerca de las motivaciones: Guárdese de la insidiosa tentación de buscar poder sobre las demás personas.

Nada es más placentero para las mentes poco desarrolladas o formadas, que el ejercicio del poder o dominación sobre los demás. El deseo de regir por egoísta gratificación, ha sido la perdición de la humanidad. En el curso de innumerables épocas, reyes y señores han inundado al mundo de sangre, en batallas por extender sus dominios, no buscando mejorar la vida de los demás, sino de obtener más beneficios y poder para ellos.

Hoy en día, el principal motivador en el mundo de los negocios y la industria sigue siendo ese mismo. Hombres desalmados guían sus ejércitos de dólares y desgastan las vidas y corazones de millones de sus conciudadanos, en una loca vorágine por poder sobre los demás. Los reyes del comercio, al igual que los reyes de la política, son inspirados por la codicia y la lujuria del poder.

Cuídese de la tentación por ejercer la autoridad sobre otros, por convertirse en el amo, por ser considerado como alguien por encima de los demás y de realizar demostraciones de ostentación y despilfarro.

La mente que busca ser el amo sobre los demás, es una mente competitiva y no una mente creativa.

Para dominar su entorno y su propio destino, usted no necesita mandar sobre sus congéneres. Cuando usted cae en la banal lucha por destacar, comenzará a ser conquistado y manipulado por el destino y su intención de hacerse rico se convertirá en una cuestión de chance y especulación.

¡Cuídese de la mente competitiva! No hay mejor declaración del principio de la mente creativa que la Regla de Oro formulada por Samuel Miltón Jones: "*Lo que deseo para mi, lo deseo para los demás*".

Lección 15

La persona progresista

Todo lo dicho en el capítulo precedente, aplica de igual manera tanto para el trabajador independientes como para el asalariado, así como a todos aquellos que trabajen en ventas o cualquier otra forma de sustento. Sin importar el que usted sea médico, maestro, abogado o religioso, si usted puede mejorar la vida de otros y hacérselos ver, ellos serán atraídos hacia usted y usted se hará rico.

El médico que tiene de sí la visión de ser un gran sanador y trabaja por la completa realización de esa visión con fe y propósito, entrará en tan estrecho contacto con la fuente de vida, que será fenomenalmente exitoso; los pacientes le lloverán a tropel. Nadie tiene una mejor oportunidad de llevar a efecto estas enseñanzas que los practicantes de la medicina. No importa a que escuela pertenezcan, el principio de la curación es común a todos ellos y puede ser alcanzado por cualquiera de ellos. La persona de avanzada en medicina, que sostenga una clara imagen de si mismo como triunfador y que obedezca las leyes de la fe, el propósito y la gratitud, sanará cualquier caso que pueda ser sanado.

En el campo de la religión, el mundo clama por religiosos que enseñen a sus feligreses la verdadera ciencia de la vida abundante. Aquel quien domine los detalles de este camino hacia una riqueza plena, junto con las ciencias de la sanación tanto física como mental y espiritual, de sentirse bien y de generar amor y enseñe y predique esas enseñanzas desde el púlpito, nunca le faltarán seguidores. Esta es la palabra que el mundo necesita; ella dará crecimiento de vida y la gente estará ansiosa de oírla y apoyará a la persona que se las haga llegar.

Lo que se necesita, es una demostración de la ciencia de la vida desde el púlpito. Queremos predicadores que nos indiquen no solo como, sino que nos lo demuestren con el ejemplo. Necesitamos predicadores ricos, saludables, grandes y amados, que nos enseñen como alcanzar estas cosas.

Lo mismo aplica al maestro que pueda inspirar a sus niños con la fe y el propósito de una vida de crecimiento. Nunca le faltará a quien enseñar. Cualquier maestro que posea esta fe y propósito, podrá transmitirla a sus alumnos. No podrá evitar enseñárselas, pues será parte de su vida y su práctica. Lo que es cierto para un maestro, un predicador o un médico, también aplica para un abogado, dentista, agentes de bienes raíces o de seguros y para cualquiera.

Esta combinación de acción mental y personal es infalible; no puede fallar. Cada persona que siga estas instrucciones con firmeza, perseverancia y apegada a la letra, se hará rica. La ley del crecimiento de la vida es una certeza matemática en su operación, como lo es la ley de gravedad. Hacerse rico es una ciencia exacta.

Quien devengue un salario, encontrará que esto es tan cierto para él como para los demás. No sienta que no tiene oportunidad de hacerse rico, porque trabaja en un lugar donde no hay visibles oportunidades de avanzar, donde los salarios son bajos y el costo de la vida es sumamente alto. Fórmese una clara imagen mental de lo que desea y comience a actuar con fe y propósito.

Realice su trabajo todos los días y hágalo de forma perfectamente eficiente. Ponga todo el poder del éxito y el propósito de hacerse rico en todo lo que haga.

No haga esto con la intención de complacer a su empleador, con la banal esperanza de que él vea su buen desempeño y le promueva. No es probable que lo haga. Aquella persona que no es más que un buen trabajador, haciendo lo mejor que puede y quedando satisfecho con ello, es de mayor valía para su empleador donde está, por lo que no será de su interés promoverlo. Produce más donde está. Hágalo con la idea de su propio avance. Sostenga su fe y propósito de crecimiento durante, antes y después de sus horas de trabajo. Sosténgalo de tal manera que cada persona que le trate, sea compañero de trabajo, amigo o simplemente conocido, sienta el poder del propósito irradiando desde usted, así todo el mundo percibirá el sentido de avance y crecimiento que hay en su interior. La gente se sentirá atraída hacia usted y si no hay posibilidad de avance en su actual trabajo u ocupación, prontamente surgirá otra oportunidad de un trabajo mejor.

La persona que evoluciona es aquella que está por encima de sus propias circunstancias, que tiene un claro concepto de lo que quiere ser, que sabe que puede llegar a ser aquello que quiere y que está determinada a lograrlo.

Hay un poder que nunca falla en presentar oportunidades para la gente en crecimiento, quienes se mueven en obediencia a la ley. Dios no podrá evitar ayudarlo si usted actúa de *cierta manera.* Él lo hará, pues es su naturaleza.

No existe nada en sus circunstancias o su situación que puedan mantenerle sometido. Si usted no puede hacerse rico trabajando para cierta industria, de seguro podrá hacerlo en otra. Si usted comienza a comportarse de *cierta manera*, ciertamente podrá abandonar esa industria y arribar a esa otra ocupación que usted desee.

Si los empleados de las industrias hicieran las cosas de *cierta manera*, estas pronto se verían en serios apuros. Tendrían que darles mayores oportunidades a sus trabajadores o de lo contrario tendrían que cerrar. Nadie tiene por que trabajar para un patrón. Estos solo podrán mantener a sus empleados en tan desesperanzadoras condiciones, en tanto que estos se mantengan ignorantes del cierto camino de hacerse ricos, o que sean tan intelectualmente perezosos como para no seguirlo.

Comience esta manera de pensar y actuar y su fe y propósito le harán ver rápidamente mejores oportunidades de mejorar sus condiciones. Dichas oportunidades pronto llegarán, pues el Poder Supremo, trabajando en todo y para usted, las pondrá en su camino.

No espere por la oportunidad perfecta. Cuando se presente una oportunidad de ser más de lo que usted es ahora, y se sienta impulsado a tomarla, ¡hágalo! Será un primer paso hacia más grandes oportunidades.

No existe tal cosa posible en el universo, como falta de oportunidades para la persona que vive una vida de crecimiento.

Es inherente a la constitución del cosmos, que todas las cosas serán para el progreso y expansión de la humanidad y que trabajarán en conjunción por su bienestar. Que quien piense y actúe de *cierta manera*, inevitablemente se hará rico. Por tanto, que propiciemos y permitamos que todos en general puedan tener acceso y estudien este libro con suma atención y que entren con confidencia en el curso de acción que este libro prescribe. ¡No fallarán!

Lección 16

Observaciones finales

Mucha gente se burlará de la idea de que existe un camino que infaliblemente conduce a la riqueza. Sosteniendo la idea de que la riqueza es limitada, insistirán en que las instituciones sociales, comerciales y gubernamentales deberán ser modificadas para que un considerable número de personas puedan adquirir cierta suficiencia. Pero esto no es cierto.

Es verdad que los actuales gobiernos del mundo mantienen a las masas en la pobreza, pero esto ocurre porque las masas ni piensan ni actúan de *cierta manera.*

Si las masas comenzaran a moverse hacia adelante como se sugiere en este libro, ni los gobiernos ni el actual sistema industrial podría detenerlos; entonces todos los sistemas deberán ser modificados para acomodar este crecimiento.

Si la gente tuviese una mente progresista y mantuviese el fijo propósito de hacerse rico, nada ni nadie podría mantenerlos en la pobreza.

Cada individuo puede entrar en el *cierto camino*, en cualquier momento y bajo cualquier gobierno o circunstancia y hacerse rico. Y así, cuando un número considerable de individuos logren hacerlo, provocarán la modificación de los sistemas, abriendo el camino para que otros puedan seguirles.

Mientras más gente se haga rica en el plano competitivo, peor para los demás. Por el contrario, mientras más gente se enriquezca en el plano creativo, mejor para todos.

La salvación económica de las masas solo podrá ser alcanzada cuando un gran número de personas practiquen estas reglas científicas y se hagan ricas. Esto inspirará a otros y les mostrará el camino en la búsqueda de una mejor vida, con la fe de que puede ser logrado y con el propósito de alcanzarlo.

Por ahora, es suficiente saber que ni el gobierno bajo el cual usted vive, ni los sistemas capitalistas competitivos o industriales, podrán evitar que usted alcance la riqueza. Cuando usted entre en el plano creativo del pensamiento, se colocará por encima de todo esto, convirtiéndose en ciudadano de un nuevo reino.

Pero recuerde que sus pensamientos deberán permanecer en el plano creativo. Nunca ni por un instante, deberá dejarse engañar al considerar la riqueza como limitada, o actuar en el bajo nivel de la competitividad.

Cada vez que tropiece y caiga en la vieja costumbre del pensamiento competitivo, corríjase de inmediato. Cada vez que incurra de nuevo en el plano de la mente competitiva, habrá perdido la cooperación de la Mente Suprema.

No malgaste su tiempo planificando en como enfrentará posibles futuras contingencias, excepto aquellas que puedan afectarle actualmente. Usted está comprometido con sus actuales actividades de una manera perfecta y no con situaciones que puedan surgir en el futuro. Ya podrá enfrentarlas en la medida en que aparezcan.

No se preocupe acerca de la forma en que vencerá aquellos obstáculos que puedan aparecer en su horizonte, a menos que tenga la certeza de que cambiando su actual curso, podrá evitarlos. No importa cuan difícil un obstáculo pueda parecerle a la distancia, usted descubrirá que haciéndolo de *cierta manera*, ese obstáculo se irá desvaneciendo en la medida en que usted se acerque a él, o una forma que le permita sortearlo, atravesarlo o rodearlo aparecerá.

Ninguna combinación de circunstancias podrá derrotar a un hombre o una mujer en proceso de hacerse ricos, si actúa de acuerdo a estas estrictas líneas científicas de proceder. Nadie que obedezca estas leyes podrá fallar en hacerse rico, tan cierto como quien multiplique dos por dos no fallará en obtener cuatro.

No sustente ideas pesimistas de desastres, obstáculos, pánico, desesperanza o cualquier otra combinación de circunstancias desfavorables. Ya tendrá suficiente tiempo de enfrentarlas cuando se presenten, si es que lo hacen. Descubrirá que cada dificultad lleva consigo el germen de su solución.

Cuide su vocabulario. Nunca hable de sí mismo, sus asuntos o cualquier otro tema de una manera desalentadora. Nunca admita la posibilidad del fracaso o hable en forma que infiera esa posibilidad.

Nunca hable de los tiempos como duros, o de las condiciones de los negocios como dudosas. Los tiempos pueden ser duros o las condiciones dudosas para aquellos que moran en el plano competitivo, pero eso nunca podrá ser para usted. Ahora sabe que puede crear todo lo que quiera. Usted está por encima del temor. Mientras otros estén pasando malos tiempos y tragos amargos con sus vidas, usted encontrará sus mejores oportunidades.

Entrénese a si mismo para pensar del mundo como algo que está en permanente construcción, que está creciendo y considere la aparente maldad como parte del subdesarrollo. Siempre hable en términos de adelanto. Hacer otra cosa, es renegar de su fe. Renegar de ella, es perderla.

Nunca se permita sentirse desilusionado. Puede que usted espere tener algo en un momento determinado y no obtenerlo en ese tiempo y esto le parecerá un fracaso. Pero si se sostiene en su fe, descubrirá que ese fracaso es solo aparente.

Siga el *cierto camino* y si usted no recibe eso que esperaba, recibirá algo mucho mejor, que le hará ver que el aparente fracaso fue en realidad un completo éxito.

Un estudiante de esta ciencia, se había propuesto hacer cierta combinación de negocios que le parecía para ese momento muy favorable y trabajó durante algunas semanas por conseguirlo. Cuando el momento esperado llegó, el negocio falló de la manera más inexplicable. Era como si una influencia invisible hubiese trabajado en su contra. Pero no se desalentó. Por el contrario, agradeció a Dios que su deseo hubiese sido denegado y mantuvo un pensamiento de agradecimiento. En pocas semanas, una mejor oportunidad se le presentó, que no hubiese podido aprovechar si hubiese realizado el primer negocio. Comprendió entonces que un poder mayor que conoce mucho más que él, le previno de perder el mejor negocio, al impedir el primer intento. Esa es la manera en que cualquier aparente fracaso trabajará para usted si mantiene su fe, se sostiene en su propósito, es agradecido y hace cada día todo lo que deba ser hecho ese día, haciendo cada acto por separado de una manera eficiente.

Cuando tenga un fracaso, es por que no ha pedido por ello lo suficiente. Insista y algo mejor de lo que usted esperaba le llegará.

Recuerde que usted no fracasará porque carezca del talento necesario para hacer lo que desee hacer. Si hace lo que le he indicado, desarrollará todos aquellos talentos que necesite para realizar su trabajo.

No está dentro del propósito de este libro enseñar como cultivar talentos, pero es tan cierto y simple como el proceso de hacerse rico. Sin embargo, no dude o vacile por miedo a que cuando usted arribe a cierta situación, fracasará por falta de habilidad. Manténgase firme, pues cuando llegue esa situación, la habilidad que necesita le será proveída. Siga adelante con plena fe.

Estudie este libro. Haga de él su inseparable compañero, hasta que haya incorporado todas las ideas contenidas en él. Mientras esta fe se arraiga profundamente en su mente, haría bien en abstenerse de ciertas diversiones y de permanecer lejos de lugares donde ideas contrarias a este pensamiento sean discutidas. No lea lecturas pesimistas ni literatura conflictiva, ni participe en argumentos acerca de esta materia.

Ocupe la mayor parte de su tiempo libre en contemplar su visión, en cultivar su gratitud y en leer este libro. Él contiene todo lo que necesita saber del camino hacia una riqueza plena.

Lección 17

La Ciencia de una Riqueza Plena

Hay una Fuente Primigenia de la que todas las cosas son hechas, la cual en su estado original, embebe, penetra y llena todos los intersticios del universo.

Un pensamiento en esta Fuente, crea aquello que es imaginado por el pensamiento.

Una persona puede formar cosas en sus pensamientos y al imprimir esos pensamientos en la Fuente Primigenia, puede hacer que las cosas que pensó sean creadas.

Para poder hacer esto, una persona debe pasar de una mente competitiva a una mente creativa. De otra manera, no se podrá estar en armonía con la Inteligencia Primigenia, que es siempre creativa y nunca competitiva en espíritu.

Una persona puede entrar en completa armonía con la Fuente Primigenia, al asumir una viva y sincera gratitud por las bendiciones conferidas sobre sí. La gratitud unifica las mentes de los individuos con la Inteligencia Suprema, así los pensamientos de una persona son recibidos por el Creador.

Una persona podrá permanecer en el plano creativo, solo al unirse con la Inteligencia Universal a través de un profundo y continuo sentimiento de gratitud.

Una persona deberá formarse una clara y definida imagen mental de aquello que quiere tener, hacer o ser y deberá sostener esa imagen mental en sus pensamientos, mientras permanece profundamente agradecido al Supremo de que todos sus deseos le sean concedidos. Aquel que desee hacerse rico, deberá ocupar sus horas libres en contemplar su visión y en expresar un profundo agradecimiento de que en realidad está siéndole obsequiada.

Nunca será mucha la atención que pueda dársele a la frecuente contemplación de su imagen mental, unida a una inconmovible fe y devota gratitud. Es esta la manera en que la imagen se impresiona en la Mente Primigenia y las fuerzas creativas son puestas en acción.

Todo lo que se incluya en la imagen mental, le será concedido a todo aquel que siga las anteriores instrucciones y cuya fe no desfallezca. Aquello que quiera, le será otorgado a través del intercambio y de las normas comerciales establecidas.

Para poder recibir lo que le pertenece cuando esté listo para recibirlo, tendrá que estar por encima de sus actuales circunstancias. Deberá mantener en su mente, el propósito de hacerse rico a través de la realización de su imagen mental. Deberá hacer cada día, todo lo que deba ser hecho de una manera eficiente. Dará a cada persona en valor de uso, más de lo que recibe en valor monetario, de tal forma que cada transacción implique crecimiento para todos. Deberá sostener pensamientos de progreso, para que así la impresión de incremento, sea comunicada a todo aquel con quien se tenga algún contacto.

Los hombres y mujeres que practiquen estas instrucciones, ciertamente se harán ricos y todas las riquezas que perciban estarán en exacta proporción a

La definición de su visión,

La fijación de sus propósitos,

La firmeza de su fe, y

La profundidad de su gratitud.

Apéndice A

Consideraciones finales

Habiendo leído estas maravillosas páginas, se hace evidente que no hay ahora excusa para permanecer en la pobreza. Se ha abierto ante nuestros ojos un camino dorado para alcanzar la prosperidad. La riqueza está al alcance de todos. Y la mejor manera de acabar con la pobreza es hacer que todos se hagan ricos. Solo hay que seguir sus instrucciones. No hay otra manera. Tenga siempre presente que:

- *Existe una Inteligencia Suprema de la cual todas las cosas proceden.*
- *Ningún pensamiento de una forma puede ser impreso en la Inteligencia Suprema, sin causar la creación de esa forma.*
- *No se pregunte por qué esto es verdadero, ni especule como puede ello ser verdad. Simplemente tómelo como una verdad.*
- *Es el deseo de Dios que usted se vuelva rico.*
- *Usted debe deshacerse de la idea de competir. Usted está para crear, no para competir por lo que ya está creado.*
- *Usted no tiene por que quitarle nada a nadie.*

- *Usted no tiene por que engañar o tomar ventaja de nadie.*
- *Proporcione a todo el mundo más en valor de uso, de lo que usted recibe en valor monetario.*
- *No debe dudar nunca en pedir abundantemente: "Es placer de vuestro Padre daros el reino" dijo Jesús.*
- *Es necesario cultivar el hábito de ser agradecido por cada cosa buena que llegue y dar gracias continuamente. Desarrolle un profundo y continuo sentimiento de gratitud.*
- *Usted necesita saber que es lo que verdaderamente quiere, y desearlo tan ardientemente, y con tal pasión, como para tenerlo permanentemente presente en sus pensamientos.*
- *Detrás de cada visión, debe existir el propósito de hacerlo realidad, de hacerlo expresión tangible.*
- *Sostenga su visión con el inconmovible propósito de conseguirlo, y con una firme fe de que ya lo obtuvo.*
- *Cuando las cosas le lleguen, será a través de las manos de otros, quienes le pedirán su equivalente a cambio. Y usted solo podrá obtener lo que es suyo, dándole a los otros lo por derecho les corresponde.*
- *A través del pensamiento, las cosas llegan a usted, pero es a través de la acción que usted las recibe.*
- *Si usted va a estar alguna vez listo para recibir lo que quiere, debe comenzar ahora.*
- *Haga cada día todo lo que tenga que hacer, y realice cada acto de una manera eficiente.*

- *Transmita la impresión de progreso en todo lo que haga, así todo el mundo percibirá que usted es una "persona progresista".*
- *Guárdese de la insidiosa tentación de buscar poder sobre las demás personas.*
- *No alimente pensamientos pesimistas, ni temor de desastres, obstáculos, enfermedades, crisis o cualquiera de sus consecuencias.*
- *Nunca se permita sentirse desilusionado.*
- *Ocupe la mayor parte de su tiempo libre en contemplar su visión, y en cultivar su gratitud.*
- *Estudie este libro. Léalo todos los días. Haga de él su inseparable compañero.*

Creemos firmemente, que la mejor y más segura forma de recibir es dar. Mientras más se da, más se recibe. Mientras más contribuyamos a que más personas se hagan ricas, de seguro más recibiremos. La mejor manera dc eliminar la pobreza, es creando riqueza.

Si usted cree que este libro puede serle útil a alguien más, promuévalo. Contribuya con el crecimiento económico de sus familiares, amigos, allegados, y de seguro, la fortuna comenzará a sonreírle.

"Es a través del pensamiento, que las cosas llegan a usted, pero es a través de la acción que usted las recibe."

"Si usted va a estar alguna vez listo para recibir lo que quiere, debe comenzar ¡ahora!"

www.ingramcontent.com/pod-product-compliance
Ingram Content Group UK Ltd.
Pitfield, Milton Keynes, MK11 3LW, UK
UKHW041937190726
13854UKWH00004B/1647